/ 100位

为新中国成立作出突出贡献的英雄模范人物/

黄公略

刘延喜/编著

★

吉林出版集团 | 吉林文史出版社

图书在版编目（CIP）数据

黄公略 / 刘延喜编著. -- 长春 : 吉林文史出版社,
2011.4（2024.5重印）
（100位为新中国成立作出突出贡献的英雄模范人物）
ISBN 978-7-5472-0568-6

Ⅰ. ①黄… Ⅱ. ①刘… Ⅲ. ①黄公略（1898～1931）－
生平事迹 Ⅳ. ①K825.2

中国版本图书馆CIP数据核字(2011)第051187号

黄公略

HUANGGONGLUE

编著/ 刘延喜
选题策划/ 王尔立　责任编辑/ 王尔立
装帧设计/ 韩璘
出版发行/ 吉林文史出版社
地址/ 长春市福祉大路5788号　邮编/ 130118
电话/ 0431-81629363　传真/ 0431-86037589
印刷/ 天津海德伟业印务有限公司
版次/ 2011年4月第1版 2024年5月第7次印刷
开本/ 640mm×920mm　1/16
印张/ 9　字数/ 100千
书号/ ISBN 978-7-5472-0568-6
定价/ 29.80元

《100位为新中国成立作出突出贡献的英雄模范人物》丛书

★★★★★

/100位

为新中国成立作出突出贡献的英雄模范人物/

八女投江　于化虎　小叶丹　马本斋　马立训　方志敏

毛泽民　毛泽覃　王尔琢　王尽美　王克勤　王若飞

邓　萍　邓中夏　邓恩铭　韦拔群　冯　平　卢德铭

叶　挺　叶成焕　左　权　诺尔曼·白求恩　任常伦

关向应　刘老庄连　刘伯坚　刘志丹　刘胡兰　吉鸿昌

向警予　寻淮洲　戎冠秀　朱　瑞　江上青　江竹筠

许继慎　阮啸仙　何叔衡　佟麟阁　吴运铎　吴焕先

张太雷　张自忠　张学良　张思德　旷继勋　李　白

李　林　李大钊　李公朴　李兆麟　李硕勋　杨　殷

杨子荣　杨开慧　杨虎城　杨靖宇　杨闇公　萧楚女

苏兆征　邹韬奋　陈延年　陈树湘　陈嘉庚　陈潭秋

冼星海　周文雍、陈铁军夫妇　周逸群　明德英　林祥谦

罗亦农　罗忠毅　罗炳辉　郑律成　恽代英　段德昌

贺　英　赵一曼　赵世炎　赵尚志　赵博生　赵登禹

闻一多　埃德加·斯诺　夏明翰　格里戈里·库里申科

狼牙山五壮士　聂　耳　郭俊卿　钱壮飞　黄公略

彭　湃　彭雪枫　董存瑞　董振堂　谢子长　鲁　迅

蔡和森　戴安澜　瞿秋白

前言

每个人的心中都多少有一点英雄情结，都向往英雄、景仰英雄。也正因此，在中华人民共和国建国六十周年之际，由中央十一部委联合组织开展的“100位为新中国成立作出突出贡献的英雄模范人物和100位新中国成立以来感动中国人物”的评选活动中，群众参与投票总数近一亿。这其中的每一张选票，都表达了人们对英雄模范的崇敬之情，寄托着对伟大祖国的美好祝福。

一个民族不能没有英雄，否则这个民族就不会强大。当国家危难之时，懦弱者选择了逃避、妥协甚至投降，英雄们却挺身而出，用热血捍卫民族的尊严，人民的幸福。在创立和建设新中国的伟大历程中，涌现出无数可歌可泣的英雄模范人物。他们之中，有为了民族独立和人民解放而英勇牺牲的革命先烈，有为了党和人民的事业而不懈奋斗的优秀共产党员，有在全民族抗战中顽强奋战、为国捐躯的爱国将士，有英勇杀敌的战斗英雄和革命群众，有积极从事进步活动的著名民主爱国人士和国际友人……他们是民族的脊梁、祖国的骄傲，是激励全体人民团结奋斗的精神力量。

《100位为新中国成立作出突出贡献的英雄模范人物传记》丛书，就像一部星光璀璨的英雄谱，真实、完整地记录了英雄模范人物不平凡的一生，再现了他们非凡的人格魅力和精神世界。“头颅可断腹可剖”的铁血将军杨靖宇，“毫不利已，专门利人”的白求恩，“抗战军人之魂”张自忠，“砍头不要紧”的夏明翰，“俯首甘为孺子牛”的文化斗士鲁迅……一串串闪光的名字，一个个动人的故事，犹如群星闪烁，光耀中华。

如今，战火已熄，硝烟已散，英雄已逝，我们沐浴在和平的幸福之中。在和平年代，人们不会忘记为今日的和平浴血奋战的英雄们，英雄的故事永远不会结束。让我们用英雄的故事唤醒我们心中的激情，为中华民族的伟大复兴而奋斗。

生平简介

黄公略(1898–1931)，男，汉族，湖南省湘乡县人，中共党员。

黄公略1926年参加北伐战争，同年底入黄埔军校高级班学习。1927年参加广州起义，同年加入中国共产党。1928年7月同彭德怀等领导平江起义，任中国工农红军第五军十三师四团党代表，后任红五军第二纵队纵队长。同年11月红五军主力开赴井冈山后，他率部留在平江、浏阳一带发动群众，开展游击战争，创建湘鄂赣苏区。1929年9月任红五军副军长，参与制定和指挥红五军向北开辟鄂东南地区，向南打通与湘赣苏区联系的作战行动，扩大了湘鄂赣苏区。1930年1月调任红六军军长，率部在赣西南地区艰苦作战，发展革命武装，建立苏维埃政权，使分散的游击区连成大块的革命根据地。后任红一军团第三军军长，中华苏维埃中央革命军事委员会委员。在中央苏区第一至第三次反“围剿”中，坚决执行诱敌深入的战略方针，指挥红三军英勇作战，屡建战功。在龙冈战斗中击退国民党军第十八师的连续进攻，在富田战斗中歼灭敌军第二十八师等部，在老营盘战斗中歼灭敌军第九师独立旅。1931年9月15日，率部参加方石岭追击战，歼敌第五十二师等部。在指挥部队转移途中，于吉安东固六渡坳遭敌机袭击，不幸中弹牺牲。

1898-1931

[HUANGGONGLUE]

◀黄公略

目 录 MULU

鞠躬尽瘁　死而后已（代序）

黄公略是中国革命战争时期战功卓著的红军将领。他先后参加了广州起义、北伐战争、平江起义等著名的战役，曾担任红五军第二纵队队长、军委书记和副军长、红五军军长、红一方面军总前委委员、红三军军长等职。

当中国革命处于低潮的时刻，黄公略毅然决然地加入中国共产党，投身于险象环生、艰难曲折的革命斗争中。他与彭德怀领导的官兵举旗起义，保存和争取了部分革命力量，为湘鄂赣边界地区的斗争建立了领导核心。在分化反动势力、鼓舞革命势力、扩大红色区域、壮大井冈山革命力量、策应红四军开辟赣南闽西苏区，进而形成中央苏区的斗争中，起到了十分重要作用，具有重大影响。他不怕吃苦、不怕流血牺牲的精神，不仅有力地推动了湘鄂赣边界的革命斗争，还为创建湘鄂赣革命根据地奠定了坚实基础。

在斗争中，他率领红军同凶恶的敌人进行了殊死的斗争，攻克了敌人占领的一座座城市，踏平了数以百计的敌人的堡垒，消灭了数以万计的敌人，战果丰硕，从而一次次扭转了革命危局，并创造了新的大好形势；黄公略对敌斗争坚决勇猛，使敌人闻风丧胆，又恨又怕；他对革命事业忠心耿耿，得到劳动人民的热烈拥护和同声赞扬。当他不幸中弹负伤，生命垂危的时刻，他首先想到的不是自己的安危，想到的仍然是革命的未来，表现了一个共产党员坚贞不屈、视死如归的革命气节。

正如彭德怀 1958 年 12 月 22 日在视察平江第一中学时所说："平江起义的作用至少有一点应该指出，它拦住了白军对井冈山进军的兵力。"后来，红五军主力与红四军胜利会师，红四军和红五军分别改编为红一军团和红三军团，两支部队紧密配合，并肩作战，成为中央红军的两只铁拳，为中国革命增添了一支劲旅，直至今天仍然活跃在人民解放军的行列中。

列宁说："伟大的革命斗争会造就伟大的人物。"黄公略是在中国革命战争中锻炼成长起来的，在伟大的中国革命斗争中，造就了一批英勇斗争、坚贞不屈的人物，黄公略便是他们其中突出的一个。

刚烈性格　不凡家世

（1898—1915）

一 不凡家世

☆☆☆☆☆

（0–13 岁）

黄公略是中国工农红军中一位才华横溢的军事家。

黄公略故居位于湖南省湘乡县桂花乡高模冲朝阳村，距湘乡市市区 44 公里，朝阳村因处朝阳大山上部而得名。朝阳大山山势奇伟，周围数十里绵亘着大大小小的山头，众星拱月般地把它的主峰朝阳峰捧上半空。黄公略故居就深藏在其怀抱里。朝阳大山不仅四季景色多异，即使一日之间，一山之内，早中晚的景色也迥然不同。山脚松杉挺拔，浓荫蔽天；山腰绿竹婆娑，摇曳多姿；山顶杂花生树，叠翠飞红；山下层层梯田，绿满田畴。

△ 黄公略故居

朝阳山有多处飞瀑，如白练悬空，一泻千尺。其中朝阳门瀑布，在两峰夹峙下形成自然门户，恍如天门洞开，又像拉开了帷幕的舞台。跻身其间，你会弄不清是天上，还是人间。朝阳村左有雪峰顶，傲然挺立，高与天齐，一年有近三分之一的时间冰雪披覆，这在江南极为罕见；其右侧的老虎山，传说这虎原是财神爷赵公明的坐骑，一日随赵公明游到这里，因迷恋山景，便蹲伏下来。“朝阳藏卧虎”，也就成了这里美丽的传说。村民们说，黄公略就是朝阳山跳出的卧虎；又说，他打起仗来赛过猛虎。传说朝阳村奇伟的山水，造就了黄公略的奇伟性格。

据史料记载，黄公略祖籍江西乐安县龚坊乡青陂村，明嘉靖十二年（1533年），江西乐安县龚坊乡青陂村青年农民黄显琼，在其叔父黄世威的指导下，来到湖南湘乡县桂花树高模冲，寻找到一块如同陶渊明笔下所描绘的桃花源乐园，故而移居于此，耕读而居。由于高模冲隐于重峦叠嶂之中，形同世外桃源，所以，湖南历史上虽兵灾不断，但此地从未有过惊扰，恍如隔世，因而黄家在此安居乐业，繁衍成湘乡县望族。

虽然，黄显琼徒居湖南湘乡，但其自幼受家族环境之影响，因而居湘后仍不废诗礼，其以秦末兵法家黄石公的军事名著《黄石公三略》为传家之教，至黄公略已传至第十一代。黄公略从小就敬慕这位同姓的兵法家，并在其熏陶下，取其书名之意，为自己命名“黄石”，字“汉魂”，号“公略”。

黄公略的父亲黄秀峰，是一个私塾先生。他有四个儿子，长子黄梅庄为人奸猾，不务正业，次子黄星远品行兼优，可惜早逝，三子因病夭折，四子黄公略天资聪颖，黄秀峰把全部的希望都寄托在他身上。

黄公略的母亲彭氏是湘乡县梓门青岚乡彭复中的女儿，

彭氏初嫁给湘乡县大抱塘吴家，后改嫁给黄秀峰。黄公略有两位同母异父的哥哥和三位同父异母的兄姊。黄公略的大哥黄梅庄因在政治上善于投机，官至国民党少将参议。黄公略的二哥黄星远亦受《黄石公三略》的影响，毕业于中央最高军事学府保定陆军大学；其被军界公认为是不可多得的将才。后因病早逝。

黄公略生于 1898 年 1 月 24 日，据说其降临到人间之时，其体态瘦小，身体孱弱，但双目却炯炯有神。

1898 年是一个激荡不平的年代，那时中国历史上发生了巨大的震荡，维新志士成立了保国会，拉开了维新变法的序幕。

黄公略 7 岁随父读私塾，10 岁入峒山小学读书，毕业后入永丰高等小学就读。黄公略从小就同情劳苦人民，好打抱不平，他喜欢吟诵屈原名句“长太息以掩涕兮，哀民生之多艰”，“愿摇起而横奔兮，览民尤以自镇”之句，从小便立下报国志向。

刚烈少年

☆☆☆☆☆

（14–17 岁）

黄公略少年时性情刚烈，一言不合，拔拳相向，经常惹出事端。其见义勇为、不畏强暴的事例也为寻常事。一天，一税警欺压民女，14 岁的黄公略上前制止，反遭斥责，便怒不可遏，一掌将税警从桥上推到溪里。

父亲既喜欢他富有正义感，又担心他有勇无谋，为此特地抄录了苏轼的《留侯论》让他背诵："古之所谓豪杰者，必有过人之节。人情之所不能忍者，匹夫见辱，拔剑而起，挺身而斗，此不足为勇也。天下有大勇者，卒然临之而不惊，无故加之而不怒，此其所挟者甚大，而其志甚远也。”使他认识到真正的大勇应该是“卒然临之而不惊，无故加之而不怒”。

黄秀峰又给他讲起张良路遇黄石老人、折节奉师的故事；讲韩信甘受胯下之辱、挫而后奋的故事；讲刘邦屡战屡败、隐忍不屈的故事，然后说:“你嫉恶如仇，脾气暴躁，眼睛揉不进一粒沙子，心里藏不住半点秘密，这样只能做绿林好汉，当不了大英雄，干不成惊天动地的大事情。”

父亲的话，令黄公略羞愧难当。此后，他改名黄石，字公略，发誓以志向恢弘、沉静坚毅、精通韬略的张良为楷模，遇事三思，谋定后动。

过了一段时间，黄秀峰想看看黄公略外露张扬的个性改了没有，要儿子画画明志。

黄公略信手挥洒，寥寥几笔，勾勒出浩渺的烟波、喷薄而出的红日和横空远渡的飞鸟，还在画上题诗：“烟携孤鸟渡，云拥半湖晴。”

“这有什么寓意？”黄秀峰问。

黄公略说：“画中多是烟波、云雾，但烟雾是暂时的，它们遮不住太阳的光芒，人类总是要由黑暗走向光明的，我愿意做这只追逐光明的太阳鸟。”

黄秀峰见儿子既有大志还能做到沉着稳健，心里非常高兴。

1914年，黄公略16岁，从永丰高等小学毕业后，回乡教私塾。

黄公略从小酷爱读兵书，他逐渐产生了做一名日驰疆场、夜拥黄沙的军人的渴望。

投身军界　迅速成长

（1916—1928）

在湘军中

☆☆☆☆☆

（18–25 岁）

1916 年黄公略 18 岁，这年父亲黄秀峰去世，大哥黄梅庄接掌家中财权，他自己花天酒地、挥霍无度，还百般虐待黄公略和母亲。恰逢袁世凯复辟帝制，并与日本签订卖国的“二十一条”，全国人民义愤填膺。黄公略怀着满腔热血，愤而出走，离开湘乡。年底，来到长沙投入了打着护法旗帜的湘军，入湘军第二师第三旅第六团当兵。由于黄公略具有出色的书写绘画才能，很快得到长官的赏识。先是被提升为排长，继而担任营部文书。在那里，他遇到了一生中最好的朋友彭德怀。

对于这段交往，彭德怀回忆道：“我

在这段时间，也交了一些来营当兵的知识青年（主要是中学生）。他们来时也是满口爱国主义，如何奋发图强、廉洁奉公，后来逐渐发现他们多数是带着升官企图来当兵的。我交了二十个左右的知识青年朋友，最后只剩下黄公略、李灿。”

相似的经历、坦诚的性格和共同的抱负，使黄公略与彭德怀一见如故，结成生死之交。他们形影不离，经常在一起交谈对时事政治的看法，相约以救国爱民为宗旨，不做坏事，不贪污腐化，不扰民逞威。黄公略与彭德怀同岁，但他一直把饱经风霜的彭德怀视为兄长。

民国时期，湖南为战乱之地，军阀汤芗铭、傅良佐、张敬尧、赵恒惕先后通过武力掌握湖南政权，镇压革命，搜刮民财，造成三湘大地十室九空，民怨载道。黄公略从湖南政权更迭的现象和自己参加军阀混战的感受中，得出一个结论：救国救民，还是要抓军队。彭德怀比他的认识更深一层，意识到不仅要抓军队，而且还必须有一个严密的组织。

1921 年底，彭德怀发起组织救贫会，邀请黄公略、李灿、郭得云、张荣生等四人到住所，讨论章程。大家将平日的主张归纳为四条基本内容：

1. 灭财主，实行耕者有其田。

2. 灭洋人，废除不平等条约，收回海关、租界，取消领事裁判权。

3. 发展实业，救济贫民。

4. 实行士兵自治，反对体罚和克扣军饷，实行财务公开。

在讨论时，黄公略兴奋地跳了起来，宣布："这就是救国救民的纲领！"

从成立救贫会的这一天开始，湘军中出现了一个以彭德怀、黄公略为核心的秘密军人团体。他们虽然是连排级下级军官，但都有一颗立志改革中国与世界的雄心壮志。这个秘密团体在长达六年的时间内，根本不为外界所知道，他们悄悄地积聚力量，像运行于地下的岩浆，等待喷发的时机。

时间在飞速地发展，进入民国以来，战争连年不断。湖南由于其特殊的地理位置，在历次国内战争中都是重要战场，其军事地位非常重要。出于加强军事力量的考虑，民国以来的各个时期，长沙都创办了军事学校。长沙的军事教育在清末兴起的基础上又有所发展。

民国初年谭延闿第二次督湘时，为了培训湘军初级军官，于 1917 年 5 月在原湖南陆军小学校的基础上创办了湖南陆军讲武堂。但不久因为南北战争爆发，讲武堂于翌年 3 月被张敬尧下令解散。

1922 年夏，时任湘军总司令的赵恒惕又决定恢复讲武堂。他任命张华辅为堂长，招收湘军营以下从少尉及少校的现役军官入堂学习。这年 8 月，讲武堂举行了招生考试，共录取三百六十余名学生。被录取者马上就可以住校，但开学时间一再推迟，到11月才正式开学。

1922年秋，黄公略与李灿、彭德怀一起考入湖南陆军讲武堂第四教授班学习。

当时讲武堂开设的课程有军事学上称为四大教程的战术、地形、筑城和兵器；其他课程还有操典、野外条令、射击教范、内务条令、

△ 1923年黄公略在湘军中

军制学、马术和山野炮战术等；另外还有称为“精神讲话”的思想教育课。讲武堂的军事教官大都是日本士官学校毕业的，也有少数是保定军官学校毕业的。学习期限原定为半年，但因为讲武堂的教材是根据保定军校三年制教材编写的，教材量大，所以教学时间也延长了很长时间。其中陆军小学校招生时，其团长为黄公略在团部安排了一个少尉排长的候差。他便于8月到长沙参加了考试，他考取后就住进了学堂，正式开学后，黄公略编入第四教授班。黄公略学习认真刻苦，成绩在班上名列前茅；操练也很认真，遵守纪律，做事踏实，经常受到教官的表扬。这期讲武堂的学生中有很多人后来成为国共两党的高级将领，黄公略即是其中之一。

1923年8月结业后，黄公略被派回原部任副连长。就职前，请假回家，与农家女子刘玉英结了婚。同年11月，谭（延闿）赵（恒惕）战争结束后，黄公略又被提为连长。在这期间，黄公略从亲身参加军阀混战的实践中，开始认识到要救国救民，军队必须发挥重要作用。

1923年冬党建立了平江第一个支部，为湖南最早的农村党支部之一。在党的领导下，平江的武装斗争如火如荼，迅猛发展，影响波及湘赣边区各县。

身在黄埔

（28–29 岁）

1926 年春，黄公略、彭德怀所在的湘军被编为国民革命军第八军，参加了北伐战争。在湖南、湖北作战期间，他们接触到段德昌等共产党员，阅读了《共产主义 ABC》等书籍，开始认识到救贫会的章程与共产党的主张相比太幼稚、简陋，于是不断地召开会议，往章程里添加新的内容，如拥护孙中山遗嘱，实行“联俄，联共，扶助农工”的三大政策；打倒帝国主义，废除不平等条约，收回海关租界，取消领事裁判权；打倒军阀、贪官污吏、土豪劣绅，实行减租减息，逐步实现耕者有其田；国民革命军应当官兵平等，废除笞责、体罚，组织士兵委员会，实行士兵自治，不赌博，不扰民；反对克扣军饷，实行经济公开，士兵有阅读进步书报的自由；士兵委员会有权逮捕反革命分子押送革命军事法庭，并有陪审权等。

1926年7月，湘军第二师改编为国民革命军第八军第一师。这年因在北伐战争中作战勇敢，黄公略被提升为第二师第三十团少校团副。

据彭德怀的回忆：平江起义前，他与黄公略、李灿在湘军第五独立师结拜“金兰”。三人相约：以救国、救民为宗旨，不做坏事，不贪污腐化，不刮地皮，不讨小老婆，不扰民。

1927年1月，黄埔军校为适应北伐战争迅猛发展的需要，决定挑选一批优秀的年轻军官到高级班学习，以便为各级司令部培养高级人才。经团长推荐和师长批准，黄公略通过了严格的考试，被黄埔军校高级班录取。当他把喜讯第一个告诉彭德怀时，没想到被迎头浇了一盆冷水。

“在我这里没有恭喜的话！”彭德怀板着脸，严肃地说：“你这次脱离第三团的职务去学习，给我们对第三团的争取工作造成了很大的困难。第三团团长刘济仁是最反动的军官，你走了，他就没有对手了，第三团怎么办？”

彭德怀这时已经升为第一团第一营长，他的计划是由自己和黄公略分别做工作，逐步控制第一团和第三团，争取伺机发动全师起义。由于行程已定，彭德怀不好多说什么，按捺住不快，为黄公略送行。黄公略将自己心爱的一支手枪送给挚友作纪念。

春去秋来，一晃到了年底。虽然只有短短的一年时间，但国内政局却发生了巨大的逆转：蒋介石、汪精卫集团先后发动四·一二和七·一五反革命政变，向昔日的盟友举起屠刀，曾经生气勃勃的南中国陷入血雨腥风之中；第一次国共合作宣告破裂，曾经给全国人民带来希望和信心的国民革命坠入失败的深渊；年轻的中国共产党不甘心自己的失败，先后组织了南昌起义、秋收起义和广州起义，均未能取得胜利；在革命前途十分渺茫的时候，许多人脱离了革命队伍，有的沉沦，有的落伍，有的走向了反面，当了可耻的叛徒，带着特务四处诱捕和通缉昔日的同志和朋友。

特别是1927年蒋介石在上海发动四·一二反革命政变后，敌人不但开始大肆屠杀共产党人和工农群众，还以“内战代替了团结，独裁代替了民主，黑暗的中国代替了光明的中国”，革命进入低潮。

湖南工农运动的迅猛发展，已引起了湖南的土豪劣绅、不法地主资本家、国民党右派分子和一些反动军官的恐惧与仇视。这些人迅速地集聚起来，迫不及待地在长沙发动了反革命的马日事变。

何键即是策划马日事变的罪魁祸首。何键，字芸樵，醴陵县人，时任国民革命军第四集团军第三十五军军长。1927 年 4 月底，他利用

△ 1927年，四·一二反革命事变中蒋介石军队屠杀共产党人。

△ 马日事变中被捣毁的文化书社

唐生智去河南北伐前线之机，邀集死党叶琪、李品仙等人在汉口召开秘密会议，策划清党反共的反革命军事叛变，为了便于推卸责任，同时又便于在幕后组织这场阴谋活动，经反复研究，决定避开中共有可靠军队的武汉，而选定中共无军队的湖南省首先发动。

5月21日，即星期日的晚上，一场骇人听闻的反革命武装政变在长沙发生了。是晚11时许，一千多名荷枪实弹的叛军，分途向长沙城内各革命机关进行突然袭击，省总工会、省农民协会和国民党湖南省党校是他们攻击的主要目标，其他革命机关，如中央军事政治学校第三分校、省特别法庭、国民党省市党部及工运

△ 1927年，马日事变后，革命由城市转入农村，此为贺家台石门县苏维埃旧址。

训练班、党员训练班等，均遭叛军疯狂袭击。至22日上午，被捣毁和袭击的革命机构达七十余个。叛军在长沙整整捕杀一夜，被杀害的共产党员、国民党“左”派人士和革命群众达百余人，被捕的四十余人，被临时拘押的则无法计算。与此同时，在押的土豪劣绅则全部开狱释放。工人纠察队和农民自卫总队奋起抵抗，同敌人展开激烈的战斗，但是，由于敌我力量悬殊，没有能够击退敌人的进攻。因21日的电报代日韵目为“马”字，所以这次长沙反革命事变称为马日事变。

事变发生后，白色恐怖笼罩长沙。反动派一方面改组省政府，篡夺了湖南省的党政大权；另一方面，采取贼喊捉贼的手法，声称此次事变是由省工人纠察队要缴军队的枪械，军队被迫自卫引起的；与此同时到处张贴“铲除暴徒”、“拥护劳苦功高的蒋总司令”等标语，大造反革命舆论。以此为掩护，在戒严的幌子下，继续在长沙进行反革命屠杀。不仅共产党人和革命群众惨死于屠场，即使毫无关系的人也往往身及横祸。如北门外油铺街一木工晨出做工，衣服溅了泥水，顺手撕下一块已经破烂的反革命标语揩拭，即被指为“共产党撕毁标语”，就地枭首示众。

反动军官指挥的血腥大屠杀不仅仅发生在长沙，湖南其他各地也进行了同样的血腥屠杀。常德、溆浦、湘潭等二十余县，都先后发生了反革命大屠杀事件。据统计，马日事变后的半个月中，全省被屠杀的革命群众在一万人以上。

马日事变严重地摧残了湖南的党组织和工农群众团体，是湖南的大革命由高潮走向低潮的转折点。它是以汪精卫为首的武汉国民党反动派和以蒋介石为首的南京反革命派公开合流的信号。

国民党湖南省当局于 1927 年 7 月，派王紫剑为平江县长，军阀阎仲儒为“清乡”司令，建立“清乡委员会”和“挨户团”等反动组织，疯狂屠杀共产党人和革命群众。平江城乡笼罩在一片白色恐怖之中。十二万人口的连云山区一带被反动派杀得尸横遍野，血流成渠。

镇压愈凶，反抗愈烈。马日事变后，以共产党员余贲民为首的平江工农义务队，前往南昌参加起义。因途中受阻，折回湘赣边界，9 月参加了毛泽东领导的湘赣边界秋收起义。

随后，1927 年 12 月 11 日，广州城内枪声骤响，广州起义爆发。无数领系红带子的武装工人和士兵，冲上大街，并迅速占领市公安局，宣布广东苏维埃政府成立。这便是由共产党人张太雷、叶剑英、叶挺等领导的震惊中外的广州起义。与此同时，坐落在市东南黄埔岛的陆军军官学校，却是一片死沉。三名高级班学员不顾校方“不准外出”的禁令，悄然翻墙而出，加入到起义洪流，他们便是少校黄公略和他的同窗好友贺国中、黄纯一。

△ 广州苏维埃政府和起义军总指挥部旧址

在日、美、英、法帝国主义的炮舰支援下，国民党反动势力疯狂反扑，起义队伍被迫向城外撤退。黄公略率众与敌巷战，并凭借良好的军事素质，撕开一条血路，掩护幸存战友突出重围。

广州起义虽然失败，但他更坚信“苏维埃红军必胜”。在四周一片白色恐怖下，他怀揣从烈士手中接过的红旗，寻找到广东地下区委军委领导人，毅然要求加入中国共产党。

后来，有一次，黄公略与彭德怀在团部门外柳堤上席地而坐，观看渔民拔钩收网，涉及“广暴”失败之事，黄公略当即感慨万分，吟

△ 广州起义（油画）

就一首诗送与彭德怀，诗云：

广暴失败旗帜在，树立红军苏维埃。

旅沪武岳语弃市，乌云蔽日只暂时。

欣谈时局喜东风，柳絮飞舞庆重逢。

锦绣洞庭八百里，四江精粹在湖滨。

彭德怀阅后，一时也诗兴大发，随口吟就几句顺口溜回赠黄公略：

求知心切去黄埔，夜梦依依我不然。

马日事变教训大，革命必须有武装。

秋收起义在农村，失败教训是盲动。

惟有润之工农军，跃上井冈旗帜新。

我欲以这为榜样，或依湖泊或山区。

利用周磐办随校，谨慎争取两年时。

论诗来说，彭德怀的这首诗不算上乘之作，但黄公略看后，异常高兴，竟赞不绝口："好！得华兄（彭德怀原名），关键在'谨慎争取两年时'啊！"彭德怀会心地纵怀大笑。其实，他们不是在对诗，而是在互坦心迹，准备策动平江起义！黄公略、彭德怀相视大笑后，

△ 参加广州起义的教导团炮兵

黄公略又问："最近在看什么书？"彭德怀说："看三本书。《共产主义 ABC》、《通俗资本论》、《水浒传》。""《水浒传》？""我喜欢那些好汉们！""谁？""黑旋风李逵。"黄公略又笑了，他喜欢彭德怀那种率真。彭德怀也非常喜欢黄公略，觉得他文武双全，学识渊博，赤胆忠心，而且熟谙军事，骁勇善战，懂得用人。如对军中的张际春、钱壮飞和军医戴济民等

△ 广州起义烈士陵园

一些知识分子军官，都委以重任，大胆启用，充分发挥他们的聪明才智。

随营学校

☆☆☆☆☆

（30 岁）

1927 年末，黄公略原来所在的国民革命军第八军第一师改编为湖南独立第五师，师长周磐为扩充实力，计划成立一个 500 人左右的随营学校，专门训练连排级干部。他找当时已经升任第一团团长的彭德怀商量。

“千军易招，一将难求。随军学校的经费、校舍、教员都好办，就是找不到合适的校长人选。”周磐唉声叹气，叫苦不迭。

彭德怀问：“什么样的人才算合适？”

周磐说：“一是要有学识经验，二是要

△ 彭德怀

有朝气和办法。”

彭德怀没有忘记老朋友，趁机提议：“黄公略怎么样？你不是送他到黄埔军校高级班深造吗？他12月份就要毕业了。”

“论才学，黄公略无可挑剔。只是他走了

一年多，从来没有来过信，不说报告，就是问候也没有。”周磐不住地摇头，意思是说黄公略不可靠、不放心。

“今年我们师就没有固定地址，你要他写信往哪里寄？他给我的信，也是经过了好多人中转才交到我手上，这不能怪他。”彭德怀百般为他开脱。

△ 黄公略

周磐一想也是，说："那就请你写信给他，要他毕业后回师部工作。"

彭德怀立即给黄公略写信，说明原委，并寄去路费，叮嘱他尽快回湘。

1928年2月，黄公略辗转上海、汉口、岳州，并受广东区委军委派遣，和应老友彭德怀的邀请，回到南县旧部——国民党独立五师就任该师随营军校副校长。

在由岳州开往南县的小客轮上，他凝望烟雨茫茫的洞庭湖，心潮奔涌：他17岁弃学从戎，在湘军中苦苦求索，终不能遂"救国救民"之志，是北伐革命带来"可乘"之机，可不到一年，又成泡影。

他回到舱内，再次阅看老友彭德怀的约请信，往日一道投军报国的情景，今日相约信上的誓言，又给他平添了几分勇气和信心。他在心底默念起古人说的话："人为刀俎，我为鱼肉。"

小客轮在南县码头靠岸，见到的情形又使他惊疑：这里本是彭团辖区，为何形同岳州，且不见彭德怀来迎接，时事难料，他赶紧将密件藏于皮鞋跟内；来到独立第五师驻地，见到了分别一年的彭德怀，他被带到团部，彭德怀打着哈哈出门欢迎。当夜为其置酒压惊，解释一切，将"利用师长周磐急于办随校之机，积聚革命力量发动兵暴"的计划向黄公略一吐为快，不料这位老友却只顾喝酒，一言不发，令彭德怀好生不快。

虽然黄公略和彭德怀有生死之交，但在当时的复杂形势下，他仍然非常谨慎。那是一个漆黑的晚上，彭德怀秘密召集“士兵会”，要黄公略表态。黄公略果然反对他们在“随校章程”中提“打倒新军阀”。

为了判断彭德怀的真实思想，他故意问：“新军阀是谁？”彭德怀回答：“当然是蒋介石。”黄公略突然装作生气地说“我们的校长”如何如何。大家感到气愤异常，旁边的人立刻把黄公略绑起来，将他嘴里塞上毛巾，套住他的脖子，黄公略顿时脸色发白，一边拼命挣扎，一边用手直指脚后跟。幸好文书邓萍眼尖，从他的皮鞋后跟发现了中共广东省委的介绍信，方知误会，虚惊一场。彭德怀拍着黄公略的肩膀责怪道：“你个黄石麻子，这是干什么，玩笑也开得太大了，要是把你弄死，我彭德怀不就成了千古罪人！”

黄公略苦笑道：“你现在当了团长，不试试，谁知道你是真革命，还是假革命！广东省委还派了黄纯一、贺国中两位同志与我同来。他们在外面伙铺里待命以防万一，快叫人接他们进来。”

一场误会悄然冰释。两人同心协力地投入到起义的准备工作中。此后，黄公略和彭德怀两人作了倾心长谈，交换了对时局的看法，他们的关系更加密切。在黄公略的精心策划下，于4、5月间，随营军校终于开学，黄公略担任副校长（校长由师长周磐名义上兼任）。随营学校遂成为培训暴动骨干的基地，彭德怀等一批先进分子被发展入党。

黄公略办军校，军政并重，除教授战术、地形、筑城、兵器等四大教程，和操典、野外条例、内务条例、射击教范四小教程外，还特别重视学员的思想教育。他经常给学员讲授国民革命的任务、对象和前途，农民运动的重要性和农民运动的特点，启发学员的阶级觉悟。

与此同时，一团党组织在士兵中建立起“秘密士兵会”，作为团结广大士兵的组织。这个组织的领导，由贺国中、李灿及班长李寿轩、李聚奎，士兵周玉成等组成，并争取在部队中取得合法地位，制定了士兵会章程。

士兵委员会坚持反对打骂士兵，向广大士兵进行革命教育，争取他们站到劳动人民这方面来。全团建立的士兵委员会还以连为单位，组织公开的“经济核算委员会”，清算全连经济，掌握缺额军饷改善士兵生活。一团党委还抓住这一时机，发动“闹饷”斗争，进行宣传鼓动。党员张荣生首先把一营的班长发动起来，然后串通第一、第二营的班长，在南县文庙召开了全团班长代表会议。会上，张荣生讲了反对军阀克扣军饷、开展闹饷斗争的道理，宣布了斗争计划。会后各连班长积极响应，二连的一个班长喻楚杰，亲自写传单，秘密组织全班士兵开会讨论，上街向市民、学生散发传单，争取社会同情，积极投入闹饷斗争。士兵委员会的这些主张和活动，都得到士兵的拥护，很快把广大士兵团结起来了，为起义奠定了较为广泛的群众基础。

为培养革命力量采取的另一个重要步骤，就是在随营学校内，推荐贺国中、黄纯一等共产党员去随营学校任职。使党组织在原有工作的基础上，加快了起义的步伐。并把一个思想反动的连长撤换，由共产党员黄纯一接任。不久黄公略调任三团三营任营长，贺国中负责随营学校，这样便控制了一团以外的一些重要兵力，为策应起义，在组织上作了重要准备。

与此同时，彭德怀、黄公略还做了大量的地形考察和对保安队、警察局的兵力部署及活动的调查，绘制了军队和民团的兵力分布图。李灿和田长江到保安队驻地监狱，清乡委员会和民团常备队侦察情况，为起义做了具体细致的准备工作。

随营学校第一期招收的学员有近两百名，后来都参加了平江起义，不少人成为优秀的红军指挥员。

平江起义

☆☆☆☆☆

（30 岁）

平江县位于湖南省东北角，扼湘鄂赣之要冲，环山险峻，自古为兵家必争之地。

平江起义前夕，国民党反动派对全国

人民实行反革命的恐怖统治，革命暂时转入低潮。但在南昌起义、秋收起义、广州起义的影响下，湘鄂赣边界特别是平江、浏阳等地，党和工农革命的力量还有着比较雄厚的基础。但反革命力量仍然比较强大，国民党驻防的部队达十几个团，可以说，平江起义是在敌军重重包围之下举行的。

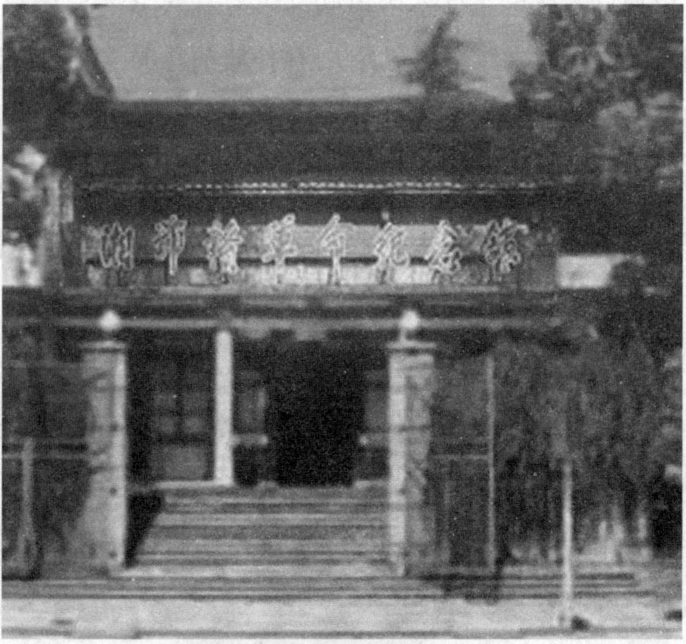

△ 湘鄂赣革命纪念馆

1927年马日事变之后，平江工农群众惨遭反动派的“清乡”镇压，激起农民的不屈反抗。

平江起义是在第一次国内革命战争遭到失败，革命处于低潮时期，彭德怀、滕代远、黄公略等共产党人不屈不挠，横眉冷对铺天盖地的反革命恶浪，义无反顾发动的一次成功的武装起义。

1928年3月，正值大革命失败后，湖南反动当局任命军阀阎仲儒为“清乡”司令，其部队在当地烧杀抢掠，无恶不作。向来以血性著称的平江人民奋起反抗。县委组织二十万农军攻打县城。当时平江青年义勇队，在扑城前几天，接到通知后，动员长寿地区的农民自卫队作好攻城准备，3月16日，东乡农军直扑平江县城。但由于敌人火力过猛，缺乏经验，配合不好而未攻下，但却极大地震慑了湖南当局。为了镇压平江的工农革命，军阀何键慌忙增调独立第五师开赴平江进行“清剿”、“清乡”，但国民党反动派万万没有料到，这里变成了继南昌起义、秋收起义、广州起义、湘南暴动之后又一个令敌人胆战心寒的地方。

这其间，湘鄂赣特委机关被叛徒出卖遭到破坏，特委书记牺牲。

1928年6月，军阀何键为了镇压平江的工农革命，增调独立第五师一、二、三团进驻平江。

独立第五师一团在平江起义前，同一切旧军队一样，是一支反革命军队，是保护地主资产阶级和剥削阶级，镇压工农革命的工具。军阀何键调这支队伍来平江，其目的就是要镇压平江的共产党和革命群众。彭德怀在这个军队中，利用合法身份进行“非法”活动达 12 年之久，也掌握了这个军队的基本特点，它的士兵绝大多数是穿军装的农民，是受压迫和剥削的人民群众。反动派强迫他们为剥削者和压迫者服务，这就是旧军队中的基本矛盾。彭德怀从实际出发，摸索了一套改造旧军队的经验，其主要的就是利用各种矛盾，变非法为合法。

为营救南华安特委被捕同志，黄公略、彭德怀乃至周磐，已受到湖南清乡督办主任鲁涤平的怀疑。

彭德怀率一团到平江驻防时，每次下乡“清剿”，总是朝天放一阵空枪，然后在路边丢弃一些子弹，并附上纸条，想方设法与平江党组织和地方革命武装取得联系，但因形势险恶，一直未能联系上。那时游击队当时预感，彭德怀这支“剿匪”部队与其他国民党部队不同。

为了加大“清剿”力度，1928年6月，独立五师三个团奉命接防阎仲儒旅。彭德怀时任该师一团团长。

当时彭德怀已加入中国共产党，并担任一团党委书记。为尽快将全团要害部门和主管营、连兵权掌握在共产党员手中，到平江不久，彭德怀就将邓萍安排在一团任书记官。同时，向周磐推荐黄公略担任三团三营营长，黄纯一担任一团三营九连连长。

在独立第五师赴平江“剿共”，黄公略调任第三团第三营营长阶段，黄公略沿途所见景象一派萧瑟，令他深感忧虑。他便以自己的真诚和关心赢得了士兵的信赖。他还给贫苦老百姓送钱送物，释放了两个被挨户团抓来的赤卫队员。一天，中共湖南省特派员滕代远化装成商人途经嘉义，被挨户团拦下盘问，后被挨户团带到营部。滕代远和黄公略交换暗语后接上了关系，他们约定和平江县的第一团同时起义。黄公略又派几个可靠士兵将滕代远等人“驱赶”出了挨户团的防地。黄公略来到平江县后的一系列“怪异”行为早已引起了平江县长、挨户团主任刘作柱的怀疑，刘作柱连夜跑去告诉了第三团团长。他们认定黄公略就是共产党员，密谋采取行动。

7月2日，滕代远受湖南省委派遣，以特派员的身份赴平江找党的关系，以恢复湘鄂赣特委的工作。

7月17日，滕代远受中共湖南省委派遣来到平江，与第一团党组织取得了联系。

7月18日，中共南(县)华(容)安(乡)特委在长沙被国民党破获，共产党南华安特委负责人被抓，抄查出一张随营学校开给特委购买油印机的通行证。当时师长周磐正在长沙开会，一看通行证就认出是黄公略的笔迹，大叫“糟了”，立即给副师长李慧根拍发密电。密电说：南华安特委负责人在长沙被捕，供出黄公

△ 土地革命战争时期的平江城

略是共产党员，要李慧根立即逮捕黄公略、黄纯一、贺国中三人。

在周磐拍发密电时，他的马弁陈玉成在场。他是中共安插在独立第五师的秘密情报员，他不动声色地给彭德怀拍发电报，告知此事。彭德怀大惊，立即前往平江电报局，扣留了周磐给李慧根的密电。

与此同时，滕代远也接到湖南省委的指示：“独立五师党的情况有所暴露，立即策动暴动，以争主动。”下午7点，彭德怀约集党员，以看望黄纯一为名，与滕代远一起到县医院黄纯一的病室秘密开会。会上滕代远扼要报告了政治形势和党的任务。彭德怀叙述了特委被破坏，长沙反动派查出黄公略亲笔通行证等情况。并强调说：“闹饷是发动起义的主要手段，由秘密到公开，争取营、连、排长参加或同情，只有闹饷，才能冲破特务营这个堡垒，团结全团绝大多数人，才能有效地防御二、三团可能的进攻。”大家都很赞成彭德怀的意见，并交换和分析了士兵的思想情况，决定通过秘密士兵会，做好串联发动工作，以闹饷为手段举行起义。大家一致宣誓：坚决在平江武装起义，解除地主武装，武装工农，实行土地革命，打倒国民党政府，打倒帝国主义，建立苏维埃政权，成立新的红军。会议最后决定7月22日下午1点钟，趁敌人午休时举行起义。成立中国工农红军第五军，并派人

△ 平江起义旧址天岳书院

送信给黄公略，通知他在三团发动起义，将部队拉来与平江城会合。

那么平江起义为什么当时会选择以“闹饷”的名义呢？

这支部队有闹饷的传统。而这次独立五师来平江，反动当局欠饷已快五个月了。

7月20日早饭后，彭德怀以副师长李慧根

的名义，给师长周磐发了一封密电："砥公师座，巧电奉悉。三人已遵示逮捕，随校令开来平江，请勿念。"同时还屡电省政府，报告"清剿"胜利消息，要求拨发枪支和饷银。起义指挥所设在一团一营驻地天岳书院后面的一户农民的草屋里。当时二连连长李灿的家属住在那户农民家中。滕代远来后不久即由邓萍安置住在这里。这里偏僻幽静，一些秘密会议就在这里召开；一些宣传标语口号、通告传单也在这里油印；起义的红领带也在这里缝制，这里实际上已是起义部队的指挥部。

这次起义虽然是有计划有组织地进行的，但因时间紧迫，起义的准备工作并不十分成熟。由于南华安特委被国民党反动派破坏，暴露了独立五师部队中的党员，如不当机立断发动起义，这些暴露的同志固不能保存，未暴露的同志也不易长期隐蔽下去。党在独立五师一团建立起来的一点薄弱基础，有全部被摧毁的危险。彭德怀、黄公略、滕代远等审时度势，采取坚决态度立即发动起义，是完全正确的。

7月21日下午，黄公略鉴于事已暴露便决

△ 平江起义团团史陈列室

定提前起义，黄公略在和区委书记涂正坤等取得联系后率领起义部队开入南山，前往平江城，并只身进城与彭德怀联络。在他先行入城了解情况的时候，三营一部分不坚定分子叛变南逃，使他非常气愤，痛感大意，在起义成功后的第一次党的会议上，主动检讨了自己的失误，但彭德怀等仍肯定了他在平江起义中所起的重要作用，平江兵变被称为“彭黄兵变”。

7月22日上午10时，彭德怀在团部召开了驻在县城和城郊的一、三营的营、连、排军官会议。会上，他历数国民党反动派的罪恶，宣布团部要实行1928年1月士兵委员会章程，实行为工人农民服务，建立工农革命政府的工农红军。当场对十余名不执行士兵会章程的连、排长停职考察，暂不回连，他们的职务由该营、连士兵委员会推选适当的人代理，为起义扫清了组织障碍。

11时半，彭德怀带着警卫员和传令兵到天岳书院，参加一营誓师大会。六七百人列成营方队。彭德怀威武地站在队伍前面一个土台子上，对着全副武装、列队整齐、精神振奋的一营官兵讲话，并宣读了誓词，接着具体布置了各连的作战任务,强调了革命纪律。最后彭德怀拔出手枪,往空中一挥，下达了行动命令。按照预定计划，成四路纵队分别向预定目标发动进攻。平江城内国民党县党部、县政府、县监狱和县挨户团，被解除其反动武装，逮捕其主要负责人；活捉了清乡督察员、警察局长、财政征收处主任和平日欺压百姓的县长刘作柱。

与此同时，一连包围了驻在下西街的清乡队。队长被士兵们捆起带走，那些清乡队员早已是惊弓之鸟，不敢再抵抗，一窝蜂似的放下武器，向起义军投械。

这次起义，从下午1时起，只用一个半小时，就解除了

△ 平江起义纪念馆

城内全部反动武装，控制了整个县城。最激动人心的场面，是解救出关押在城南和城西三所监狱里的上千名共产党员和革命群众。

22 日上午，驻在思村茶号的一团二营官兵，接到彭德怀的电报，通知他们撤回平江城闹饷，下午二营开回平江县，起义指挥部组织了热烈的欢迎和慰问。黄公略领导的三团三营，原驻在离平江县 86 里的嘉义镇，于 7 月 20 日下午 9 时提前暴动。地下党区委书记和委员闻讯赶来，与黄公略取得联系，由地下党做向导安全引领部队赶到平江与起义部队会师。

7月22日，此时主持随营学校的贺国中，接到彭德怀的密信，借口野外操练，避开周磐安插在学校的亲信，亲自带领五百多学员，全副武装，连夜急行军，从岳阳驻地开往平江。并于23日清晨赶到平江县，受到彭德怀的接见和欢迎。大部分学员留下当红军，很快成为坚定的共产党员和优秀的红军将领。平江起义最初直接参加及后来集合起约两千五百余人，至起义部队全部胜利会师，起义队伍总数达三千七百余人。起义胜利的消息，很快传遍平江城乡，极大地鼓舞了广大工农群众。

肩负重任　战绩辉煌

（1929—1930）

开展游击战争

☆☆☆☆☆

（30–31 岁）

1928 年 7 月 22 日，平江起义成功后，游击队接到平南特委送来的一封紧急信，要游击队立即开赴县城，与彭德怀率领的起义部队会合。听到这个喜讯，游击队员们都激动得跳起来，他们跑步翻过十八盘，经芦洞、思村向县城进发，与胡筠、李宗白、张警吾、毛贲虎率领的数千名游击队员和革命群众，从四面八方涌入县城，与起义部队结合在一起。协助起义部队清查土豪劣绅，维持社会秩序。平江县的城头到处飘扬着红色的旗帜。

7 月 24 日下午 4 时，起义部队和平江县委在平江月池塘广场，召开了有上万人参加的群众大会，彭德怀、滕代远先后在大会上讲话。大会正式宣布中国工农红军第五军正式成立，宣布平江县工农兵苏维埃政府成立。为加强党的领导，正式成立了中国共产党红军第五军委员会，成员由滕代远、彭德怀、黄公略、邓萍、贺国中、黄纯一、李

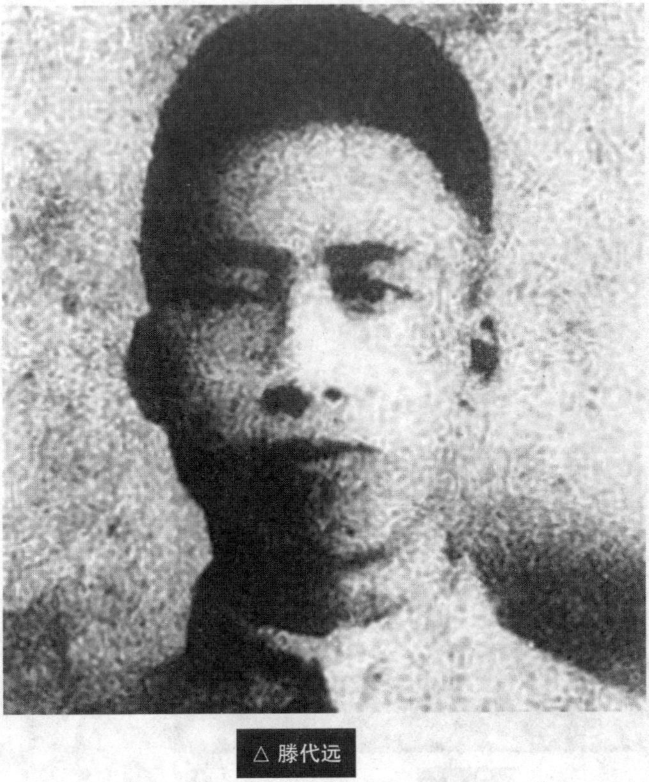

△ 滕代远

灿、李光、张荣生、贺夷组成，按照当时红五军的一项重要制度，各级党代表为同级的党委书记。平江起义打乱了国民党反动派“清乡”“剿共”的部署，牵制了敌人大量的有生力量，令国民党反动派极为震惊。他们立即出动军队，对平江城形成半月形大包围，发动猛烈进攻。为了对付十倍于红军的敌人，

△ 邓萍

彭德怀和黄公略沉着机智地进行部署，决定利用城郊有利地形，先歼灭敌人一两个团，然后撤出平江县城，有计划地向江西、赣南等地发展。当时的斗争十分艰苦。敌人以十几个师的兵力会同江西、湖北的反动部队前堵后追，多次“围剿”。红五军每天要与敌人血战数次，最多时达到八次，才能突围前进。在激烈的战斗中，许多战士英勇牺牲，七团团长黄纯一在起义后第五天的突围中，壮烈牺牲，年仅23岁。当时，有一些旧军官革命意志薄弱，贪图享受，动摇叛变；原军需处长将几万元钱拐走；队伍中每天伤病员都在增加，部队给养困难，人心浮动，形势相当危急。但是更令人痛心的是，在一天数次的反“围剿”，和后来两次的攻打长沙，及两次辗转突围走上井冈山的激战中，牺牲了许多战士，部队严重减员。

在这种形势下，红五军往哪里去？是继续单独留在湘鄂赣边境孤军作战，还是上井冈山与红四军会师？重大的问题摆在全体指战员面前。彭德怀向全体起义部队指战员表明：自己坚信毛泽东同志开辟的井冈山道路，是引导中国革命走向胜利唯一正确的道路。

1928年8月24日，起义部队改编为红五军，彭德怀、滕代远分任军长和党代表，黄公略任四团党代表。月底，根据中共湖南省委的指示，红五军向井冈山进发。行至江西万载时，由于一个副连长投敌告密，部队遭到国民党优势兵力的袭击，损失惨重，全军只剩下一千余人。彭德怀称这段时间为红五军最困难的时期。黄公略提出两条建议：对混进起义队伍的反动军官进行审查和清洗；吸取在战斗中经过考验的优秀分子入党，并安排他们担任基层干部。

1928 年 8 月底，红五军在向井冈山转移中，再次遭到敌人的伏击，伤亡惨重，部队打剩到

△ 中共湘鄂赣特委旧址江西修水渣津上庚屋

△ 朱德

只有五百人，只好退回修（水）铜（鼓）边境与敌周旋。

9月中旬，经过打击敌人、发动群众，红五军不断扩充，又发展为几千人的队伍。为了能顺利挺进井冈山，红五军军委与湘鄂赣特委在江西台庄举行了联席会议，决定将红五军与地方游击队合编为五个纵队，每个纵队四百人。一纵队队长孔荷宠（后叛变），二纵队队长黄公略，三纵队队长吴溉之，四纵队队长贺国中，五纵队队长李灿。

在这次会议上，彭德怀提出到井冈山向朱德、毛泽东领导的红四军取经的建议。会后，红五军兵分两路，彭德怀、滕代远率军部直属队和四、五纵队向南冲破敌人包围，前往井冈山寻找红四军，留下来的一、二、三纵队由黄公略统一指挥，担负起保卫和发展湘鄂赣根据地的任务。黄公略成为湘鄂赣根据地最高军事首长。

1928 年 10 月，根据党的指示，彭德怀、滕代远率红五军主力转移到井冈山，与红四军会合。彭德怀、滕代远率红五军主力转移之后，国民党调集重兵“围剿”黄公略所属的红军部队，妄图全歼黄公略部，形势十分严峻。黄公略就地发动群众，在平（江）浏（阳）边界开展游击战，与敌周旋。黄公略带领第二纵队六个大队开始了极为艰苦的湘鄂赣游击战。由于敌人的“围剿”，红军当时处于十分困难的境况中，黄公略所带领的六个大队只有一二百人。在这种情况下，黄公略依靠地方党、游击队和成千上万的人民群众，采取化整为零、避实就虚、声东击西等灵活的游击战术，积极打击敌人。他带领第二大队在浏阳先后发动了毛田、鲁家湾、老乌和金坑等地农民暴动，消灭了反动民团和当地的国民党驻军，扩大了游击队，并将平江、浏阳的游击队编入第二纵队。

10 月上旬，黄公略率二纵越过平浏边界的天子岗，进入浏阳仁和洞一带，袭击了当地的反动武装，处决了一大批罪大恶极的大土豪和国民党贪官污吏，并开仓把没收的粮食和钱财分给贫苦农民，在这里建立了小块根据地。接着，黄公略决定攻打湘赣要道上的沿溪桥，拔掉湘系军阀何键派驻这里的侯鹏飞的一个加强连。侯鹏飞是何键部下的一名干将，后提升为师长，此人狡猾凶残，残酷杀害了不少革命同志和无辜群众，老百姓都称他为“猴子”，因而黄公略部队一到，广大群众就迫切要求消灭这只“猴子”，收复沿溪桥。

11 月 15 日凌晨，黄公略率二纵兵分三路前往沿溪桥，一路从马江口直捣侯鹏飞居住的肖家祠，一路为右翼，从磨盘岭、油榨坝直取桥西万寿宫，截住敌人逃往三口、古港的去路；一路为左翼，从石灰嘴横过大河墈，到达纸坊、洞子冲一线，阻截敌人向永和逃窜的去路。

二纵兵临城下，侯鹏飞还在梦中，四周枪声一响，被惊醒的他便知大事不妙，立即化装从后门逃遁了，其他敌人立即乱作一团，有的当场被缴械，有的摸枪企图顽抗，有的爬上屋顶。战斗不到一小时就结束了，敌人大部被歼，并缴枪三十余支，子弹两担。

黄公略率领的二纵首战告捷，当即成立了浏阳县第一区苏维埃政府，开展了土地改革，深受当地群众的欢迎和拥护。

11月末，黄公略指挥万载县突袭战，消灭了反动的靖卫团，镇压了反动县长，缴获了很多枪支弹药。

著书立说

★★★★★

（31–32岁）

通过一年的游击作战，总结经验，黄公略将化整为零、昼夜伏击、避实就虚、声东击西等游击作战方式从理论上进行升华，创造和总结了绕南进北、昼伏夜出、彼合我散、彼散我合、彼驻我扰、彼追我圈等游击战术。

他利用山上的“闯王墓”对部队进行人民军队性质教育，强调“不当闯王第二”；同时接受嘉义起义时的教训，清除不坚定分子，发展了一批包括彭绍辉在内的先进分子入党，并学毛泽东三湾改编的经验，把支部建在连里。

1929 年年初，活动于赣西南地区的红二团和红四团扩编为红六军。红四军和红五军按照中共中央指示，派人帮助加强红六军的领导力量。红五军答应赣西南特委的请求，派黄公略带领李聚奎、王如痴、陈振亚等军事干部和训练大队前往赣西南中心区——东固。与此同时，朱、毛领导的红四军也派出陈毅、粟裕前去协助黄公略工作。黄公略立即展开整训部队的工作。他从思想建军和军事整训两个方面入手，在最短的时间内将一支地方武装提升为正规红军，并在战斗中完成了由游击战向运动战的转移。当时担任红六军第二纵队纵队长的罗炳辉把黄公略列为他最佩服的两个红军将领之一。

1930 年 2 月初，黄公略与毛泽东首次见面。朱、毛率红四军由闽西来到了赣西南，毛泽东的雄才大略和独特见解令黄公略心仪不已。在“二七”会上，毛泽东提出了著名的“傍着发展的工作路线”。他解释说，所谓“傍着发展”，就是红军部队依靠原来根据地波浪式向外发展。会议结束后，朱、毛率红四军再度进入闽西，黄公略以东固山为依托，傍着原来根据地，不断开辟新的红色区域，有力地拱卫了以赣南、闽西为中心的中央苏区。

红六军、红三军成立的时候，部队中存

△ 二七会议旧址

在着各种各样的问题，如纪律松懈、地方观念、本位主义、农民意识、游击主义习气都较严重。黄公略倾注了大量心血来改变部队的不良习气，努力把这支队伍建成一支优秀的主力部队。红六军干部缺乏，他写信给毛泽东和朱德，从红五军、红四军抽调了一批干部充实到红六军，大大提高了红六军干部的素质。又由于他的知人善任，敬贤爱才，干部的能力得到充分发挥。同时他还加强政治思想建设，注重对干部战士进行群众观点和纪律性教育，反对本位主义和地方观念，引导指战员树立消灭新军阀、争取全国独立解放的革命思想，还言传身教，督促师团干部学习文化知识。在黄公略的坚强领导下，红三军的队伍整体素质、思想觉悟、组织纪律性和战斗力都有很大提高。随后他带领整顿后的队伍下山，到仁和洞与浏东游击队合编，并拜浏阳县委和浏东游击队负责人张启龙为师，研究游击战术。还将心得写成一本《游击战术》的小册子，在军中广为印发。据考证，这是红军历史上第一部研究和阐述游击战术理论的军事著作，开创了游击战争及人民战争理论的先河，为根据地的游击战提供了十分宝贵的经验。

难关共渡

☆☆☆☆☆

（31 岁）

1928 年 12 月，随着苏区的扩大，国民党对平浏地区的“围剿”越来越疯狂，在“宁可错杀三千，不可漏网一个”的反动口号下，不少苏区成为一片火海，许多群众惨遭杀害。敌人三步一岗，五步一哨，对转移到山上的二纵进行严密的经济封锁，部队的粮食、食盐异常困难。黄公略在战斗中开展了强有力的思想政治工作，部队以山为家，住山棚，吃野菜，紧紧依靠群众，运用灵活机动的游击战术与敌周旋，时而集中，时而分散；时而活动，时而隐蔽。分散时，昼伏夜击、敌合我散、敌进我退、声东击西、神出鬼没，不断打击敌人；必要时，则集中优势兵力，消灭敌军一部或给敌人以重创。为了摆脱敌人的追击，黄公略领着部队专拣险路、河沟走，草地行军或遇到交叉路口，就将被踩倒的草拔掉，冬天落雪，就倒穿鞋，留下相反的脚印。由于黄公略的正确指挥，游击队不但没被敌人消灭，反而一天天壮大。

1929 年 3 月，黄公略指挥红五军第二大队

△ 湘鄂赣革命纪念馆

会同区赤卫队，夜袭永和市，毙伤敌军一百多人，缴获枪支一百余支。

1929 年 4 月，黄公略部队由一个纵队发展到三个纵队，并先后取得了毛四、鲁家湾、老乌渡等暴动的胜利，消灭了当地的反动驻军和挨户团，缴获了敌人一批枪支弹药，改善了红军的装备，扩大了革命力量，保卫和扩大了湘鄂赣边区根据地。

4 月 12 日，中共湘鄂赣边特委扩大会议召开以后，黄公略担任湘鄂赣边支队队长，并任特委军委书记，统一指挥湘鄂赣支队和各县赤卫队，开展积极的游击战争，挫败了敌军的“进剿”，发展各县赤卫队，增强了部队战斗力。黄公略很重视思想政治工作，号召党员发挥先锋模范作用，教育部队团结友爱，他还以自己的言行为部队作出表率。寒冬腊月，大雪封山，他仍穿着单衣单裤和自己打的布草鞋，没穿袜子的脚常常龟裂。裤子破了，就把裤腿撕下来补上去，还戏称这是“灵活机动的战略”。黄公略指挥部队常常给敌军沉重的打击，使敌军坐立不安。有一次，伪军司令部贴出了一纸告示 :“若有捉拿共军头子黄公略者，赏大洋五万元 ; 若有击毙黄公略拿头来见者赏大洋两万元。” 有人在后面加了一句 :“若拔到黄公略一根汗毛者，赏黄金万两。” 可见黄公略的影响之大。不久，在中共湘鄂赣边特委的领导和黄公略的指挥下，湘鄂赣革命根据地逐步建立起来，部队也不断发展壮大。

1929 年 6 月，当湘鄂赣三省国民党当局调集近五个团的正规军和七县地主武装进攻边区时，黄公略率领部队采取“化整为零、昼伏夜出、彼合我散、彼散我合、避实就虚和声东击西”等战术，机动灵活地歼灭敌人，打垮了敌军的攻势。

1929 年秋天，彭德怀、滕代远率原红五军的第五、六纵队从井冈山回湘东，与黄公略的湘鄂赣边支队会合时，红色区域逐渐扩大到

△ 湘鄂赣革命根据地纪念馆

平江、铜鼓、修水、万载、通山、武宁等地，湘鄂赣根据地初步形成，黄公略的队伍已由一年前的两百余人发展到两千人，有枪千余支。在坚持湘鄂赣边的斗争中，黄公略的领导才华得到充分展示。与红五军会合以后，重新组成新的红五军，军长彭德怀，政治委员滕代远，副军长黄公略，参谋长邓萍。

黄公略除担任红五军副军长外，还被选为中共湘鄂赣边区特委书记。湘鄂赣边第一个红色政权——浏阳县第一区苏维埃政府诞生。

肩负重任

☆☆☆☆☆

（32 岁）

1930 年 1 月下旬，红五、红六军分别从赣江东、西侧向吉安城逼近，形成了对吉安城整个包围之势。

1930 年 2 月初，毛泽东、朱德率红四军由闽西来到赣西南。2 月 6 日至 9 日在吉安陂头由毛泽东主持召开了红四军前委，红五、红六军军委，赣西、湘赣边、赣南特委联席会议（史称“二七”会议），决定将赣西、湘赣边、赣南三个特委合并为赣西南特委，决定将红四军前委扩大为红四、五、六军及赣西南、闽西、东江地区的总前委，统一领导赣西南的斗争，毛泽东为书记，朱德、曾三为常委，彭德怀、黄公略为候补常委，并通过了“二七”土地法，决定通过开展分田运动掀起土地革命新高潮。

会后，黄公略率红六军到达吉安的富田、东固一带与红四军会合。此时，驻扎在吉安、吉水的国民党唐云山独立十五旅奉蒋介石命令，正准备进攻东固革命根据地。得知这一消息后，毛泽东当即与彭德怀、黄公略部署了攻打唐云山旅的战斗。

1930 年 2 月 14 日，陂头会议主席团发布了“关于占领吉安，建立江西省苏维埃政府”第一号通告，其部署是：红四军和红六军第二纵队在赣江东面展开，会同中鹄群众攻打吉水；红五军及西区群众武装以永阳为中心，向附近逼近，并

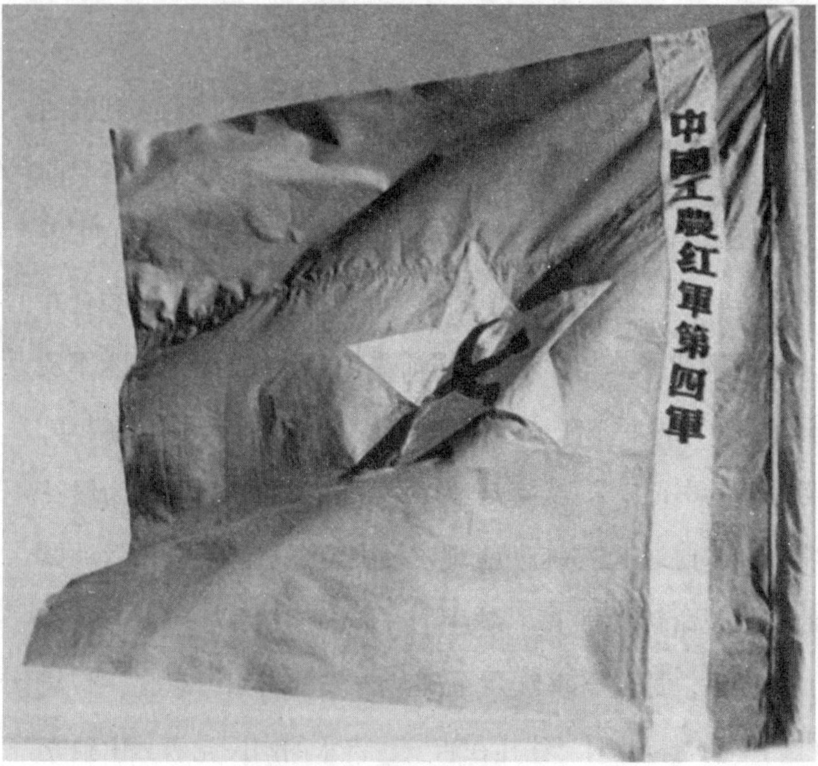

△ 中国工农红军第四军军旗

控制泰和之敌；红六军第一纵队会同北路群众进扰三曲滩、峡江之敌，截断赣江交通。吉安守军成光耀急呼救援，蒋介石抽调唐云山等七个旅的兵力，企图解吉安之围。红军避其锋锐，折回富田，诱敌深入，伺机歼敌。

2月23日后，唐云山旅孤军深入水南、值夏一带，遭到红军歼灭性的打击。余敌则龟缩后撤，至3月，敌人的“进剿”计划完全破产。吉安四周各地方政府和武装力量继续积极发动群众，准备再次攻取吉安。

2月24日，战斗分头打响，红四军前往施家边攻打唐云山旅部，黄公略率红六军经小

△ 当年的红四军宣传标语

岭、富滩进攻赤家岭之敌。双方激战一天，红四、红六军全歼号称“铁军”的唐云山旅部一千六百余人，缴枪两千余支，给敌人以重创，保卫了根据地。

随后，将红六军分布在赣西南地区，继续开展游击战，并深入开展土地革命，建设红色

△ 中国工农红军第四军司令部和政治部旧址辛耕别墅

政权，扩大红军和地方赤卫队，使分散的游击区连成一片，成为大块的革命根据地。

这时“立三路线”统治了党中央，黄公略是非分明，立场坚定，始终拥护以毛泽东为首的总前委的领导。

4月下旬，各县特务队扩大为赤卫军第一、二、三、四纵队，成立赣西南赤卫军总指挥部，曾炳春任总指挥，下分中、东、西、南、北路指挥部。由于敌情变化，前委扩大会议决定“取由广昌入建宁之计划”。于是红四、六军进军赣南闽西，红五军进军湘东。

全歼唐云山旅战斗的胜利，使黄公略的游击战争理论和军事指挥才能得到进一步发挥，他从多次战斗的经历中，深深体会到，红军面对人数多、装备好的强大敌人，之所以能打胜仗，一是靠广大指战员的高度觉悟和牺牲精神；二是靠人民群众的拥护和支持，因此，他十分重视部队的政治思想建设和群众的发动工作。当时，部队供给十分困难，黄公略和战士同甘共苦，寒冬腊月，他仍穿着单衣单裤和自己打的草鞋，因而深深感动了旧军队人员和新入伍的战士。他特别强调部队要严格执行党的政策和毛泽东在井冈山制定的“三大纪律，六项注意”，积极做好宣传、发动、组织和武装群众的工作，帮助群众开展“抗租、抗债、抗粮、抗捐、抗税”运动。为了让群众更加了解红军的宗旨和政策，号召群众参加革命，当时红六军来自各个地区，成分比较复杂。黄公略到万安就职后，开的第一个会就是组织大队以上干部学习《古田会议决议》，纠正各种错误思想和不良倾向；办的第一件事就是三

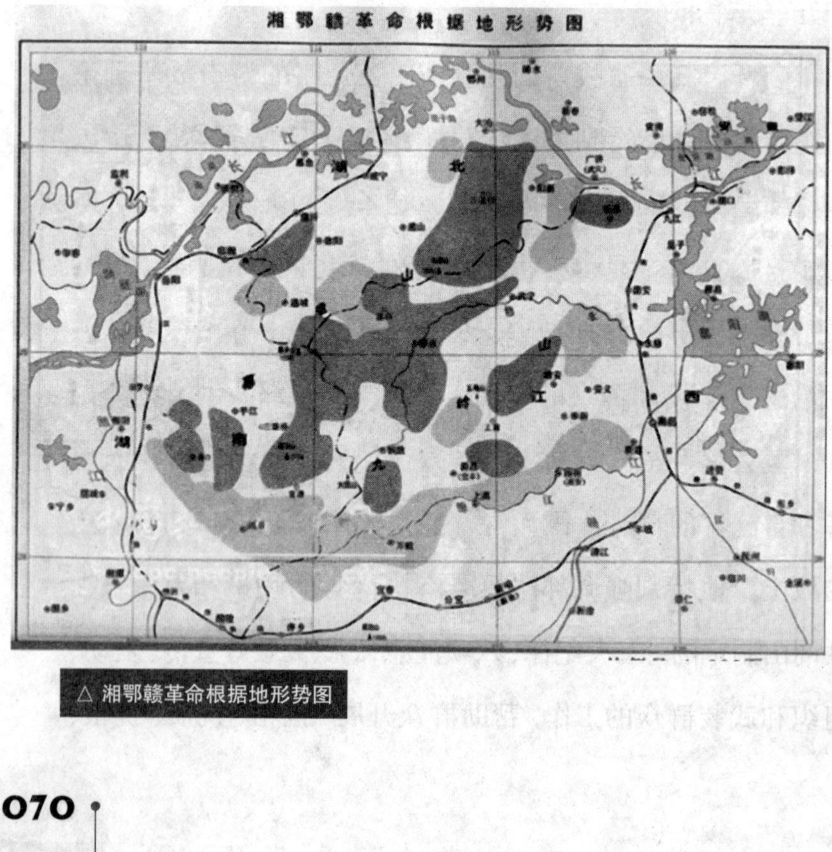

△ 湘鄂赣革命根据地形势图

△ 红四军政治部所在地仁居中学旧址

个纵队"互换人枪"，打乱建制，避免"宗派主义"。他亲自起草了署名为军长黄公略、政治委员陈毅的《中国工农红军第六军司令部布告》，鲜明提出："实行武装游击，肃清地主豪绅，推翻反动统治，实行工农专政。"代表五、六军军委出席了在吉安陂头召开的四军前委与五、六军军委及赣西南特委联席会议。

为加强六军战斗力和调整各部间关系，黄公略又从红五军要来李聚奎等40位干部和一个大队兵力，不想遭到江西籍少数干部战士的猜忌。湖南籍一纵队政委李韶九则趁机怂恿黄公略“干脆全部换成五军来的湖南干部”，黄公略在干部大会上不点名地对他进行了严厉批评，并对江西同志创建红军武装的功劳加以了充分肯定。

黄公略要求五军来的干部虚心向江西同志学习，并把五军来的同志组成直属大队，李聚奎任大队长，要求他们在“杀敌缴枪运动”中起表率作用。直属大队果然表现出色，在战斗中缴枪最多，并主动分发各纵队，使江西的同志心服口服，纷纷要走五军来的干部到各纵队任职。

黄公略还特别注意向红四军学习。在配合红四军攻吉水时，把四军前委的“通报”当做“命令”来执行，并亲临一线，冲锋在前，一举全歼唐云山旅，取得六军建军后的第一个大胜利，受到毛泽东、朱德的赞扬。

根据敌情变化，毛泽东决定放弃吉水，四、六军移师南下打赣州。途经兴国县时，黄公略同政委陈毅一道，检阅了兴国赤卫军，并十分赞赏。尤其社富乡钟铁匠的赤卫大队，不仅训练有素，而且纪律严明。黄公略赞扬他们是“俨然纪律之师”，还奖给钟铁匠一支驳壳枪，并号召六军的同志向兴国赤卫军学习。

红四、六军攻赣不克，毛泽东遂改变方针，仍以分兵游击，做争取群众工作和建立地方政权为主。并发出《前委第三号通告》：红四军入闽，红六军留赣。黄公略欣然同意，并兵分三路，驰骋于湘东、赣西南大地。

黄公略亲率第三纵队，转战万安、浏阳、安源、宜春、安福等地，使赣西南根据地扩大到十四个县，并建立起五十多个区级、十三个县级苏维埃政府。赣西南特委书记刘士奇盛赞红六军是一支“很能战斗、很会做群众工作”的队伍。

至1930年10月底，赣西南革命根据地已经有三十四个县，人口达到四百多万，加入赤卫队的就有将近100万人。红军主力迅速发展，新组建了红二十军、红二十二军、红三十五军。赣西南地区已发展成具有统一领导的、连成一片的大块红军根据地，为建立中央苏区奠定了基础。毛泽东有感于这种可喜的局面，在《蝶恋花·从汀州向长沙》一词中称赞道：

六月天兵征腐恶，万丈长缨要把鲲鹏缚。赣水那边红一角，偏师借重黄公略。

主攻文家市

☆☆☆☆☆

（32 岁）

文家市是浏阳市南部地处湘赣边界的一个小镇。人口 4.7万，总面积 148 平方公里，相距省会长沙市 100 多公里，与江西万载县、宜春市、上栗县毗邻。作为湘东边陲重镇，文家市历来为兵家必争之地，并留下了许多古代军事遗址，著名的有铁岩关、许阜尖等。其中铁岩关作为历史上“吴楚争锋”的一处重要关隘而名扬史册。文家市人民历来有热爱祖国、心忧天下之传统，早在19世纪初，即有陈绍休、陈绍常等走出山区，远赴长沙乃至法国等地求学，并参加了毛泽东、蔡和森等组织的新民学会，寻求救国救民之真理。1917年，陈绍休等邀请毛泽东来到文家市作社会调查，从此，文家市便播下了革命的火种。大革命时期，文家市人民积极支援北伐斗争，文家子弟踊跃参加北伐军，其中不少人在战斗中英勇牺牲。大革命失败后，1927年9月19日，毛泽东率领秋收起义部队在文家市进行了举世闻名的“秋收起义会师”，擎起了中国工农红军第一面红旗，并从这里走向井冈山，开辟了有中国特色的“农村包围城市”划时代的革命道路，迈出了中国革命成功关键的第一步。

1930年6月，赣南、闽西地区红四军、红十二军和红六军（7月改称红三军）在福建汀州合编为红一军团，毛泽东任军团前委书记兼政委，朱德任总指挥。当时的党中央主要负责人仍然坚持“以城市为中心”的“左”倾指导思想，制定出组织全国中心城市武装起义和集中全国红军进攻中心城市的冒险计划，命令红三军团攻打长沙，红二军团攻打武汉，红一军团攻打南昌。毛泽东坚决抵制攻打大城市的错误主张，始终坚持以农村包围城市，武装夺取政权的正确道路，在赣江两岸几十个县境的广大地区深入发动土地革命，并摆出佯攻南昌之势。

6月16日，国民党吉安守军换防，成光耀部已从吉安撤走，接防的新编十三师邓英旅尚远在樟树，城内只有金汉鼎的两营兵力。

6月28日上午，由中共赣西南特委立即部署的各路队伍将吉安城全面包围，发起总攻，经过半天激战，占领了真君山、天华山、螺子山，中路武装强渡赣江推进到神岗山麓。攻克天华山的队伍突破敌人的阵地，打进了城西郊赵公塘，击毙敌百余人。但因武器太差，攻不下守军的工事，加之援兵不及，被迫撤出战斗。

1930年7月，毛泽东率领红四军、红十二军再次来到赣西南，同红三军会合，成立中国工农红军第一军团，黄公略所部直接接受毛泽东、朱德的指挥。

7月27日，彭德怀领导的红三军团虽然攻下了长沙，但因难以抵挡反动派的围歼而很快退出。这时，中央"左"倾领导又命令第一军团与第三军团合攻长沙。红一军团由江西安义、奉新出发向长沙进军。

黄公略坚决拥护总前委的决定，率领红三军撤离南昌城郊，进入浏阳。为了掩护红三军团从长沙撤退，黄公略自动请战，率红三军突袭戴斗垣旅。

8月18日，红一军团到达江西万载县黄茅镇，拟从这里经浏阳去长沙。而此时，湖南军阀何键为追剿红三军团，已派重兵分驻浏阳，并亲自坐镇浏阳县城指挥，他特派所属第十五师戴斗垣旅共五千余人进驻湘赣边境重镇文家市，以阻止红三军团经此地西去与红一军团会合，而红一军团要进入浏阳，也必须经过文家市。戴匪气焰十分嚣张，刚到文家市，就致电何键："文家市……为湖南赤匪老巢，现拟暂住，大加搜捕，以期一劳永逸。"

红一军团抵达黄茅镇后，苏维埃浏八区（文家市区）区委书记钟世华即亲自前往黄茅汇报敌情，请求红军尽快消灭盘踞在文家市之敌。毛泽东、朱德听取汇报后，当晚就召开各军负责人会议，作出了攻打文家市的英明决策，次日晨发布了作战命令，进行了战前动员。毛泽东还在会议之后亲自给党中央写信，概述了红一军团在赣西一切新的军事行动，深刻阐明了不打南昌，移兵赣西，向湘东挺进，突袭文家市的道理。

文家市距黄茅30华里，按照黄茅军事

会议确定的作战方案，红一军团于8月19日兵分四路合围文家市，第一路由军长黄公略、政委蔡会文率红三军第一、二纵队由东面进攻文家市街后的高升岭、棺材岭等敌军制高点；第二路由军长林彪、政委罗荣桓率红四军包抄到文家市西南面，由此发起攻击并阻止敌军向浏阳县城方向逃跑；第三路由红三军第三纵队沿黄茅至文家市的大路从东北面进攻；第四路由军长罗炳辉、政委谭震林率红十二军负责先歼灭驻守在文家市北去约30华里的孙家塅戴匪一个团，之后再从北面向文家市迫进。此外，毛泽东、朱德还特别安排张启龙（原浏阳县委书记，时任湘东工农武装总指挥）率湘东游击队担任保卫浏阳至文家市途中的重要关隘——渠城界的任务，以阻击敌增援部队。同时，萍、浏、宜、万等县的广大赤卫军一齐支前并参战。

8月20日凌晨，敌人还在睡梦中，红军从天而降，风驰电掣，突然将戴匪团团围住。红三军第一、二纵队率先发起攻击，迅速占领了敌棺材岭阵地，戴斗垣梦中惊醒，仓促应战，命部下死守仅剩的高升岭制高点。敌人凭着坚固的工事，架起轻、重机枪和迫击炮等，用各种火力顽抗，我军数次冲锋均被击退下来，伤亡很大。战斗中红三军第一纵队司令员柯武东（安徽籍，牺牲时年仅26岁）立即组织 80 名突击队员，手持马页刀和驳壳枪，腰挎手榴弹，在密集的火力掩护下，柯武东亲自率队，带头冲锋，发起最勇猛的一次强攻。在攻下敌人第二道战壕时，柯武东不幸腹部中弹，小肠外溢。战士们要抬送他下山，但他置生命于度外，一手挥动驳壳枪，一手塞进外流的小肠,死死捂住伤口,强令突击队“不要管我，继续冲上去！”全体突击队员感动至极，舍生忘死地猛力冲锋。与此同时，兄弟部队也从山后袭来，两面夹击，终于拿下了高升岭敌阵地的制高点，红军占领了地形上的优势，居高临下，用夺过来的机枪猛烈还击顽抗的敌人，把敌人压至山下，汇集到文家市街上。这时，四面八方的红军铺天盖地而来，枪声、杀声惊天动地，敌军顷刻瓦解。戴斗垣见大势已去，率余部向浏阳县城溃逃，又遇红四军迎头痛击，只得退回。与此同时，孙家塅守敌也被我红十二军击溃，红十二军也已迫进文家市，戴斗垣吓得浑身哆嗦，自知逃不出红军布下的天罗地网，掏出手枪自杀而死。文家市突袭战全歼了敌三个团另一个营，击溃一个团，俘敌一千余人，缴获长短枪一千五百余支，机枪三十七挺，我军伤亡官兵七百余人。此战为我军军史上称之“文家市大捷”。

文家市大捷后，红一军团在文家市休整了两天，扩充了一个营的兵力，开展了大张旗鼓的革命宣传工作，并决定乘胜消灭敌派驻浏东张坊一带的陈光东部。但当红军赶到该地时，陈部已经离开。原来，何键得知我军一举歼灭了戴斗垣旅后，知道红军主力到了，唯恐再蹈覆辙，自己先行逃回长沙，并同时将驻浏阳的所有部队召回以加强长沙城区的防务,准备在红军再次攻城时负隅顽抗。在此情况下,红一军团挥师向西转移。

文家市大捷是红一军团成立后取得的第一次重大胜利，也是红军初创时期一个成功的突袭战例，在我军军史和战史上都有着重要地位。文家市大捷彻底粉碎了国民党反动派围歼我红三军团的阴谋，恢复和发展了湘鄂赣之交的红色根据地。

富田事变

★★★★★

（32 岁）

自 1930 年 6 月，中央军委统一各战略区域的红军编制，红六军改编为红三军，与红四军、红十二军一起组成红一军团。黄公略在红军中的军事地位日益提高，当时担任这三个军军长的分别是林彪、黄公略和伍中豪。他们三个人都有就读黄埔军校的经历，都非常年轻，都是才华横溢，党内称他们为毛泽东麾下的“军中三骁将”。

在后来的中央苏区，朱、毛、彭、黄四位军事首长虽然齐名并称，但其中起主导作用的始终是毛泽东。他们这种介乎于平行与主从之间的关系曾经被别有用心的人当做突破口，还掀起过一场轩然大波。富田事变就将他们卷入旋流之中，推到分崩离合的十字路口。

富田事变缘起于“肃反”扩大化。1930 年上半年，总前委为巩固后方，在中央苏区开展了以反对 AB 团（AB 团是北伐军攻克南昌后，国民党右派成立的一个反对共产党的组织，1927 年 4 月已经解体。）为重点的内部肃反。这场斗争虽然取得了一些成绩，但也犯了严重的扩大化的错误。1930 年 12 月，在第一次反“围剿”斗争前夕，肃反委员会主任李韶九奉命来到江西省行委和省苏维埃政府所在地——富田，根据逼供信提供的线索，相继逮捕省行委秘书长李白芳、赣西南特委书记段良弼、红二十军政治部主任谢汉昌，牵连的范围越来越大。红二十军少数领导人眼见自己可能会被错定为 AB 团遭到逮捕，冲动地采取贸然行动，于 12 日带领部队包围富田省行动委员会（立三路线时期将各级党委和群众团体合并组成行动委员会）和省苏维埃政府，释放了全部被捕人员，并将队伍拉到赣江以东地区。这就是震惊一时的富田事变。

后来，红二十军少数领导人错误地将仇恨的火焰对准了毛泽东。他们模仿毛泽东的笔迹，伪造了一封毛泽东给总前委秘书长古柏的信，说是要将朱德、彭德怀、黄公略打成 AB 团的主犯。为此，他们公开喊出了“打倒毛泽东，拥护朱、彭、黄”的口号，还将伪造的信件分别送给朱德、彭德怀、黄公略，企图在红军最高领导层制造分裂。

毛泽东的书法潇洒自如，而又不拘一格，他的笔迹正如他的为人一样，龙飞凤舞很难模仿。可是，伪造信不仅把字体模仿得惟妙惟肖，而且行文的口气也颇为神似。当以假乱真的信件送到朱、彭、黄手上，三人不约而同地作出了一致的反应。朱德与黄公略立即将信送给毛泽东看。

“你们怎么还送给我呀？”毛泽东大度地

△ 秋收起义文家市会师纪念馆

笑着问。

朱德、黄公略回答："我们不相信这封信是你写的。"

黄公略对毛泽东深信不疑，对彭德怀却放心不下。他担心性格刚烈、火暴的彭德怀会看不出破绽，轻信上当。他悄悄地来到红三军团指挥部，准备提醒老战友。

彭德怀虽然以猛张飞、莽李逵自许，平时爱冲动、发火，但在关键时刻却能沉住气。当他看到信时，确实感到吃惊、震怒，内心翻江倒海，掀起巨大的波涛。笔迹、口气是典型的毛氏风格，转信人是三军团前委秘书长，内容又与自己有关，一切似乎都是真的。唯一不能说服自己接受伪造信的是毛泽东的为人。彭德怀后来如实地追忆起当时的想法：

"当时我的脑中回想着毛泽东同志建设工农革命军、建设井冈山根据地、传达六大决议、争取袁（文才）王（佐）联盟、严肃批评乱杀两个群众的事；关于当时不应该留五军守井冈山的自我批评；特别是古田会议决议，这一切都是正确的方针、政策和政治家风度。毛泽东同志绝不是一个阴谋家，而是一个无产阶级政治家。"

冷静下来的彭德怀反复阅读这封信，很快找出了马脚。他召集红三军团师以上干部开会，说："这信虽然字迹逼真，但忽略了毛泽东的一个特点，他写信年、月、日都是用中文数字，从来不用罗马字和阿拉伯数字。因此，我可以断言，这封信是假的。写这封信人的目的是想陷害同志，分裂一、三军团，这不是什么党内路线争论，而是可耻的阴谋，是有利于敌人的犯罪行为！”

听到彭德怀掷地有声的结论，黄公略长舒一口气，欣慰地对邓萍说：“老彭粗中有细，他还是站在毛泽东这边的。”

为了维护红军的团结和毛泽东的领导地位，黄公略与朱德、彭德怀联名于12月17日和18日接连发表《为富田事变宣言》和《给曾炳春等的一封公开信》。宣言和公开信指出：富田此次行动，唯一的借口是反对毛泽东同志的右倾。泽东同志平时主张彻底平田，坚决在政治上反对富农领导，经济上反对富农剥削，只有相信地方群众，才能巩固苏维埃政权，这些主张是布尔什维克的正确路线。目前决战在即，凡是革命的布尔什维克同志，都应站在共产党总前委领导之下，团结一致，坚决消灭敌人，谁不执行这一任务，谁破坏这一任务，谁就是革命的罪人……宣言明确表示：“朱、毛、彭、黄团结到底！”

由于黄公略等人的坚决态度和说服教育，

终于克服了富田事变造成的严重危机，红十二军也从赣江东岸拉过江来，重新回到革命队伍中。

大节上的坚定果决、同志之间的真诚信任、危难时候的相互扶携，使朱、毛、彭、黄的感情更增进了一层。

富田事变给参加“围剿”的国民党军队造成一种错觉，以为红军部队和最高领导层出了问题，于是一改初战时谨慎的态度。12月28日，国民党第一纵队司令兼第十八师师长张辉瓒决定，趁此“内讧”之机大举进攻，亲率师部和第五十二旅、五十三旅向龙冈推进。

英勇奋战　革命到底

（1930—1931）

诱敌深入

☆☆☆☆☆

（32 岁）

黄公略率红三军参加文家市歼灭战，协同红一军团其他部队作战，取得了全歼国民党军三个团和一个营的胜利。

1930 年 8 月 23 日红一军到达浏东永和镇，与由平江长寿街南来的红三军团胜利会师，在石江李家大屋举行联席会议，根据中央指示精神，成立了由朱德任总司令，彭德怀任副总司令，毛泽东任总政委兼前委书记和工农革命委员会主席的中国工农红军第一方面军。但在“永和会议”上，就要不要再打长沙问题上，一、三军团干部发生了分歧：一军团林彪等坚决不同意再打；三军团袁国平等多数人坚持要打。朱、毛、彭、黄都没有当场表态。后为巧妙抵制“左”倾中央命令，也为照顾三军团大多数人情绪，朱、毛同意向长沙推进。按毛泽东的建议，黄公略做老友彭德怀工作，彭德怀同意放弃再打长沙，回兵吉安。

按照计划，红一军团集中兵力，先打下樟树，而后进逼南昌。部队到达西山万寿宫，黄公略留下军部特务营攻打牛行车站，并配合红十二军隔江向南昌打枪示威，以纪念南昌起义三周年，主力则随总部向奉新、安义、万载疏散。

守备南昌的是鲁涤平第九路军之十八师一个旅（五十三旅），当时鲁涤平在武汉行营开会，负责城防指挥的是十八师师长兼南昌卫戍司令张辉瓒。他老谋深算，一面命城内严防死守，一面急调其在外围的五十二、五十四旅，抄后路反击我打枪部队。

这时，红三军特务营抓获一泅水过江“投诚”的“白军士兵”，他是特务营营长江勇的弟弟江小华——地下党派来的送信的同志。根据江小华提供的情报，担任“隔江打枪示威”部队迅速撤离，西进万载追赶主力。黄公略从《江西民国日报》得知新扩编的彭德怀、滕代远所率红三军团打进长沙后，又被迫退出，正遭何键部重兵追击，很为老战友担心的黄公略与毛泽东的想法不谋而合，立即入湘接应彭德怀。

8月28日，红一方面军开进到长沙东南枫树湾、新桥一带。

湖南省主席何键在长沙大肆修筑防御工事，巨形鹿砦、密布的竹钉、高大的电网，形成三道坚不可摧的防线，工事后是密集的碉堡。但是红军在长沙城郊截断了敌人的主要交通要道，仍给敌军很大的威胁。总前委令黄公略的红三军控制猴子石的侧面，作为方面军的预备队。

湘东游击队埋伏在渠城界两边山上，准备截击从浏阳县城派来的敌增援部队。因我军

△ 红一方面军总部旧址

行动迅速，何键获讯较迟，又未探明红军虚实，不敢轻举妄动，故未派援兵前来，只有一小股给文家市之敌运送物资和军饷的敌军不明情况，进入伏击圈，被游击队一举歼灭，缴获了大量的军用物资和银元。

9月4日下午，敌军朝猴子石出击，下午5时左右，黄公略下令所部大举出击，势如破竹，冲向敌军，打得敌人措手不及，全歼陶广的两个师，击毙敌近八百人，俘敌一千余人。此后红军主力撤离长沙，分兵攻克醴陵、萍乡、攸县、茶陵、吉安等县城，回师江西中央革命根据地。

1930年9月上旬，红一方面军包围长沙。负责湖南军政的何键率部坚守不出，还在数千米的开阔地带设置了三道电网，电网之后，密密麻麻尽是一座座掩体堡垒。红军缺少攻坚设备，彭德怀指挥三军团几次硬攻均失败，而林彪使出“火牛”阵也未奏效，还差点烧了自己，毛泽东遂命令停止攻城。

何键部则趁机偷偷渡过湘江，企图抄我退路。幸好黄公略的红三军事先布置于长沙至株洲、萍乡铁路沿线，控制了进退通道，并向南警戒，于猴子石阻击并消灭出城之敌师两个团，红一方面军主力才得以安全退出。

9月中旬，红一方面军进攻长沙未克。守敌强而有备，红军不宜攻坚。同时，由于蒋(介石)、冯(玉祥)、阎(锡山)正在河南等地混战，数月之内江西、湖南一带，除长沙、南昌等大中城市外，都无强敌。因此，毛泽东说服红一方面军的干部，改变当时“立三路线”的党中央指示的夺取湘鄂赣三省省会的冒险方针，分兵攻取茶陵、攸县、醴陵、萍乡、吉安、峡江、新喻（今新余）等地，占领了大片地区，扩大了部队，为粉碎敌人的第一次“围剿”做好了充分的准备。

10月初，红一方面军回兵吉安，乘虚一举攻克，使闽赣苏区连成一片，并成立了第一个省级工农兵政权——江西省苏维埃政府。旋北上袁水一线，筹粮筹款和做争取群众工作。蒋介石得知吉安失守，大骂毛泽东“得寸进尺”，并匆匆结束中原大战，急令何应钦回武汉召开湘鄂赣三省绥靖会议，部署对朱、毛、彭、黄红军的第一次大“围剿”。任命鲁涤平为总司令，何健为副总司令，张辉瓒为前敌总指挥，出动十万大军，限一个半月内“消灭赤匪”。这时红军限于当时形势主动撤出吉安。

10月下旬，毛泽东在新喻县罗坊召开总前委会议，提出“诱敌深入”、“退却到根据地作战”的方针，红军主力遂挥师东渡赣江，向根据地中部退却转移。红一方面军总前委和江西省行委在新喻罗坊召开联席会议，讨论红军的行动方向和反“围剿”对策。会上，毛泽东据理说服红三军团和江西省行委中少数受临时中央“左”倾思想影响的同志，通过了“诱敌深入”的战略方针。根据会议决定，主力部队于11月5、6

△ 罗坊会议纪念馆

两日渡过赣江。黄公略的红三军暂留赣江西岸，担负扰敌、掩护主力和地方机关群众转移任务。

红一方面军按计划退至黄陂、小布、洛口一线整训备战，并于黄陂召开总前委扩大会议，毛泽东在会上科学分析了红军能够打破“围剿”的八个有利条件。同时为了保证“诱敌深入”方针的顺利实施，并根据变化了的情况和“慎重初战”原则，决定放弃东固，只留红十二军的三十五师和红三军的特务营，继续诱敌深入，而后伺机在对我更有利地点，发起反攻。

这样由毛泽东“策划”，黄公略“执导”，拉开了反“围剿”的序幕：红三军特务营借助大雾，造成两敌互打，使敌死伤近两个营。敌新编第五师抢占东固“有功”，蒋介石通令嘉奖，并提高其番号为国民革命军第二十八师，犒赏银元两万块，还发给师长公秉藩一枚宝鼎勋章；第十八师师长兼前线总指挥张辉瓒晚到一步，却被蒋介石在电报上骂得“狗血喷头”。

而这时毛泽东也已从富田事变的阴影中走出，开始实施他的“大反攻”计划：先吃掉张辉瓒和谭道源两个主力师，并决定全军设伏小布，先打就近的谭道源的五十师。但小布设伏却没有打到谭道源，并非情报不准，也非决策错误，而是有人走漏了消息。究竟是什么人，一时还无法查到，在这种情况下，部队中虽有些怨言，但没有动摇毛泽东先吃掉张、谭两个主力师的决心。

根据各渠道得来的情报，他仔细分析了敌之心态动向，毛泽东决定红十二军留在小布，佯装主力，继续攻谭道源和牵制东路其他敌人，方面军主力则秘密转移至君埠待机。同时，让红三军特务营再扮“牛倌”，接近东固，监视和引诱张辉瓒向龙冈、君埠孤军深入，并派出女赤卫队长罗金妹乔装深入张师内部，与我地下党员陶岚联络，策动内应，为即将到来的新的战斗创造有利的条件。

龙冈之战

☆☆☆☆☆

（32岁）

1930年10月，蒋、阎、冯中原大战结束后，蒋介石调集七个师、十万人的重兵，对中央革命根据地进行第一次大“围剿”，龙冈之战是其著名的战役，在此次战役中，国民党江西省主席鲁涤平任总司令，国民党第十八师师长张辉瓒任总指挥。

当时，鲁涤平指挥的几个师的总态势是：最西面是罗霖的七十七师，位于赣江以西的吉安；最东面是刘和鼎的五十六师，位于福建的建宁，中间相距400公里。在这400公里之内，右边是张辉瓒的十八师、谭道源的五十师和公秉藩的二十八师，左边是毛炳文的第八师和许克祥的二十四师。在这几个师长中，张辉瓒最得蒋介石和鲁涤平的宠信，他出生于湖南，早年毕业于日本士官学校，又到德国考察过军事，双手沾满人民鲜血，仅在南昌就曾一次杀害共产党三百余人，因反共坚决，深得蒋介石赏识。他当上“围剿”总指挥后，更是骄横跋扈，不可一世，疯狂叫嚣：“杀朱拔毛！”“要剃光朱、毛的头！”“要血洗红色根据地！”

毛泽东分析了敌强我弱的形势，依靠根据地的有利地形，作出了“诱敌深入”的决策，把敌人引到根据地的腹地，在人民群众的支援下，集中优势兵力，在运动中各个歼灭敌人。红军主力秘密转移到黄陂的君埠、汉下、上下固一带隐蔽集结。朱德还迅速赶至红三军军部，对黄公略说：“张辉瓒这个最反动的家伙来了，总前委决定，由你们红三军担任正面进攻。”而此时，黄公略手上只有红七师一个团的兵力，要死死顶住敌人六个团的攻击，任务无疑非常艰巨。可黄公略没有犹豫，当即接受了命令。

12 月 28 日，张辉瓒率领号称“铁军师”的第十八师气势汹汹向龙冈挺进，准备进犯离龙冈三十多里的君埠。毛泽东、朱德得知这一敌情后，当机立断，决定在龙冈全歼张辉瓒师。当晚，毛泽东、朱德率主力急行军，抢在张辉瓒师先占领了君埠。并于29日作出具体部署，第一路，由红三军从东和东北面，即从敌人正面向龙冈挺进；第二路，由红十二军从西南向龙冈攻击；第三路，由红四军向龙冈附近的端儿铺、张家丰一线前进；第四路，由红三十五师由西南而转北，迂回到敌后，牵制增援的敌人。

12月30日零时，龙冈周围的崇山峻岭，笼罩在蒙蒙细雾之中，各路红军按照毛泽东、朱德的命令，在云雾的掩护下，踏着泥泞湿滑的山间羊肠小道，静悄悄地向龙冈挺进。

龙冈，东邻君埠，北靠上固，南与兴国相连，西与吉安交界，四周是海拔三百五十多米的万功山，地势险要，山路崎岖。

黄公略率领红三军急速行军，拂晓前赶至王竹峰，在万功山一带进行埋伏，准备正面迎敌，诱敌深入。

敌军经过两天的行军，官兵们走得腰酸背痛，饿得头晕眼花，进入龙冈，看不到一个人，也找不到一粒粮食，全师官兵人心惶惶。等先头部队戴岳率领的五十二旅进入王竹峰时，黄公略一声令下，红军全军勇士便以迅雷不及掩耳之势，冲向敌阵，枪声、炮声、手榴弹爆炸声连成一片，不到一个小时，戴岳的两个营便被消灭得干干净净。戴岳急得拿起电话筒，向张辉瓒求救。报告是红军主力，请火速派兵增援。听戴岳这么一说，张辉瓒才如梦初醒，方知红军主力已到龙冈，便慌忙通知在东固的五十二旅一个团前往增援。此时，红三军、红四军正张开口袋，等待张辉瓒的援军往里钻。敌军增援团淋着毛毛细雨，饿着肚子，慢吞吞地向王竹峰蠕动。突然间，万功山四周响起“嗒嗒嗒”的机枪声，“轰隆隆”的爆炸声和“缴枪不杀”的喝令声，敌军没来得及反应，便被打得鬼哭狼嚎、喊娘叫爷。只一顿饭工夫，除戴岳只身逃命外，他的整个旅和一个增援团，便被全部消灭。红军愈战愈勇，战士们高呼：“活捉张辉瓒。”

天亮后，红军总攻开始，各路红军像猛虎下山，从四面八方向龙冈扑来。张辉瓒听到响彻山谷的枪炮声、喊杀声，慌忙拿起电话筒向鲁涤平和临近的公秉藩告急，要求鲁涤平派空军支援。可远水救不了近火。此时，红三、红四军正以排山倒海之势，杀进了龙冈镇。敌军兵败如山倒，纷纷缴械投降，五十二旅副旅长洪汉杰、团长朱先志被击毙，五十三旅旅长王捷俊被俘。随后，黄公略迅速率部直捣十八师师部，活捉了十八师代参谋长周维黄、一〇四团团长李月峰、特务连连长张达泉，生俘了张辉瓒警卫营全部官兵和报务人员。

张辉瓒见大势已去，急忙脱下身上的中将

△ 中国工农红军第三军司令部旧址

制服，换上士兵服装向武功山中逃去。然而，山顶早已被红军占领，他只得在半山腰的一片油茶林中躲藏起来，后在红军战士搜山时被抓获。

江西剿共总指挥鲁涤平见败局已定，只好

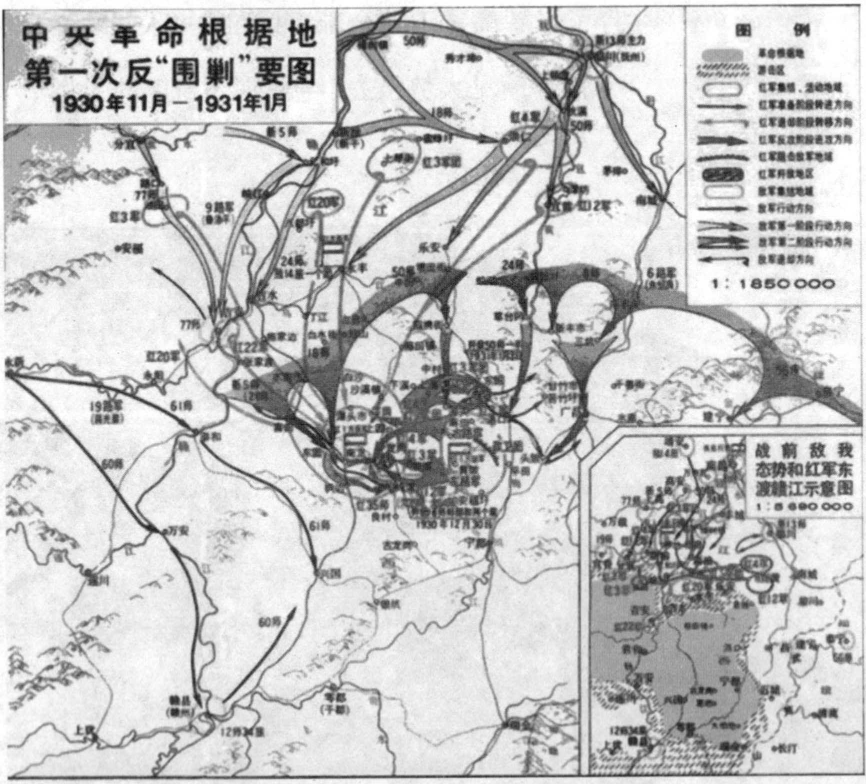

△ 中央苏区第一次反"围剿"要图（1930年11月—1931年1月）

"鸣金收兵"，至此，蒋介石发动的对中央苏区的第一次反革命大"围剿"，以失败而宣告结束。毛泽东断定：蒋介石虽不会甘心失败，但组织新的"围剿"还需要一段时间。于是大胆抓住两战间隙，于小布整训部队和向永丰、乐安一带筹粮筹款。对已经放下武器的张辉瓒，毛泽东交代不要杀他，还说要留他当红校教员。可张辉瓒的小舅子朱耀华的五十四旅，在撤离东固时大肆烧杀，愤怒的赤卫队员们和幸存的老表们便召开公审大会，一气之下把张辉瓒杀了。女赤卫队长金妹子向黄公略作检讨，黄公略说："杀了就杀了吧，都怨他的小舅子。不杀不足以平民愤啊！"

龙冈战役结束，红军共歼敌九千余人，还缴获了大批武器装备。

整个龙冈战役，黄公略率领的三军始终担负正面进攻，黄公略也始终在前线指挥，子弹不停地从他身边穿过，他全然不顾，为红军合围、夺取战斗胜利立下了首功，他率领的红三军歼敌人数占总数的一半以上。毛泽东大加称赞，豪情满怀地写下了《渔家傲·反第一次大"围剿"》一词：

万木霜天红烂漫，天兵怒气冲霄汉。雾满龙冈千嶂暗，齐声唤，前头捉了张辉瓒。

卷土重来

（33岁）

1931年4月，蒋介石又纠集二十万兵力向中央苏区发动了第二次大“围剿”，其手下得力干将——南京政府军政部长何应钦代行总司令，坐镇南昌，共拼凑十八个师又五个旅、三个航空队，约二十万人，向中央苏区发动第二次反革命大“围剿”。其兵力比第一次“围剿”多出一倍，西起赣江，东至福建建宁，绵延三百多公里。总司令何应钦采取“齐头并进，步步为营，稳扎稳打”的堡垒战术，把兵力推进到富田、广昌、建宁一线，而当时红一方面军的三个军只有三万余人，处于绝对劣势。

面对这严峻的形势,采取何种战略方针来对付敌人的“围剿”，中央苏区中央局出现了几种不同意见，而且争论非常激烈。一种意见认为，敌我兵力悬殊，三万对二十万，应当分兵退敌，只有分兵才可以使敌人包围落空，转移目标；第二种意见则认为，应以红军主力将敌军引出根据地，甚至可以转移到四川建立根据地。毛泽东力排众议，主张坚持“诱敌深入”的方针，红军先往根据地腹部退却，在退却中再寻找敌人弱点，集中优势兵力给敌人以毁灭性打击。

在中央局的讨论中，毛泽东的主张只有朱德表示赞同。毛泽东建议扩大讨论范围，听取各军军长、政委的意见。在随后召开的扩大中央局会议上，毛泽东的主张首先得到了黄公略的支持，他说：龙冈战役能够取得如此大的胜利，就足以证明毛泽东同志“诱敌深入”的战略方针是完全正确的，今天要对付强大的敌人，仍然应该采取这一方针。与会的林彪、罗荣桓、罗炳辉等人也表示支持毛泽东的建议。经过激烈讨论，中央局决定采用毛泽东提出的“诱敌深入”的方针。

在毛泽东的指挥下，红军从 4 月下旬开始，秘密集结于东固地区等待时机。东固是中央苏区最早建立的一块根据地，位于中央苏区腹区，地处吉安、兴国、宁都、万安等五县的接界处。而且距五个县的县城都只有五六十公里，四周都是崇山峻岭，地势险要，只有五条崎岖的羊肠小道通往外界，是个隐蔽兵力的绝佳之地，敌人进得来就出不去。

与此同时，中央红军已完成在根据地边缘各县筹粮筹款和发动群众任务，再次南移至广昌、石城、瑞金、宁都以北地区待机歼敌。

就在这时，中共中央派来了项英和中央代表团，掌控了苏区中央局和中革军委的领导权和战争决策权，并在“走”和“打”的问题上，与毛泽东为首的红一方面军将领，发生了“青塘之争”。由于黄公略等多数将领的反对，中央“三人团”和项英不得不放弃退走四川和分兵赣南湘南的错误主张，毛泽东“诱敌深入”、“集中优势兵力各个歼敌”的战略方针，再次得到肯定。

4月19日，红一方面军总部在青塘发出“战前部队集中”的命令，主力部队于22日开始行动，向龙冈地区集中，后又西移四十里，云集东固迫敌而居；而王金钰的五路军初来乍 到，加之水土不服，不敢前进。公秉藩则因第一次“围剿”时受了惊吓，怕当张辉瓒第二，缩在“乌龟壳”里不敢出来。红三军派出侦察人员，再次前往诱敌。

侯伍以“苦肉计”打入敌公秉藩部，声言龙冈被俘后，虽做了黄公略的特务营副营长，但吃不了那边的苦，从小布逃了出来，并提供“东固无敌”情报。公秉藩虽然狐疑，也只好暂且相信，要他带路。

5月14日，国民党公秉藩第二十八师浩浩荡荡向富田挺进，一路没有遇到任何抵抗，自觉不可一世，忘乎所以，在与师部留守处进行联络时，竟公然使用明码通知：“我们现驻

△ 反“围剿”时的红军部队

富田，明晨出发去东固。并通知四十七师协同。”红军总部无线电队长陶岚截获公秉藩师这一消息后，随即报告了红军总部首长。毛泽东即下达“攻击富田消灭王金钰公秉藩师”的命令。红军主力从国民党郭华宗师和蔡廷锴师之间的空隙中秘密西进，钻过“牛角尖”，采取两侧包抄的方式，攻击其背后。毛泽东向黄公略、彭德怀、林彪部署了任务：“黄公略率红三军、林彪率红四军负责正面攻击，彭德怀的军团全部用来打包抄，进行腹背夹击，然后一举歼灭公秉藩师。”并亲临黄公略军，命他们再进 20 里，在中洞大道两侧埋伏，以切断公秉藩师退路。从东固到富田相隔 20 公里，只有两条大路相通，中间要经过一段险峻的隘路。

5 月 15 日午夜，红军各军按照毛泽东指令快速前进。此时，毛泽东还在思考，他想：担负中路阻击任务的红三军是发起总攻打响第一枪的先头部队，如果红三军能找到一条更近的路线，提前赶到中洞，胜利就更有把握。

当日凌晨，毛泽东火速赶到红三军军部，黄公略见毛泽东这么早赶来，必有重要任务，便随即问道：“总政委还有什么交代？”毛泽东说：“昨晚我一直在琢磨，从东固到中洞是否只有两条路？除此之外，是不是还有更近的路？如果有，我们就可以提前赶到南侧山岭进行埋伏。”黄公略回答说：

“我们不妨去请教一下当地的老猎户、老药农、老驮商。”毛泽东十分同意。遂即果然探出在东固到中洞的南侧还有一条鲜为人知的山间小路。两人经过商量，果断决定改变原定行军路线，寻小路直插中洞，提前到达预定地点布下埋伏。

5月16日晨，公秉藩师从富田出发，向东固挺进。顺中洞大道而来，终于钻进红军张好的口袋。突然随着一声炮响，数千颗手榴弹从天而降，轻重机枪和步枪交叉猛击，将公秉藩师紧紧围住。黄公略一声令下，上万名红军战士跳出密林，像猛虎一般冲向敌阵。公秉藩根本来不及部署抵抗，全师一万余人便立刻分崩离析，全被歼灭。公秉藩混在士兵中当了俘虏，后来领了红军三块银元的遣散费，逃出了苏区。

黄公略巧妙地将阻击战演变为伏击战，并以突然、迅猛的动作打乱敌军指挥系统，为全歼公秉藩师立下了头功。特别是他率军从天而降的英姿，给在白云山观察战斗的毛泽东留下了深刻的印象。毛泽东称他为“飞将军”，并在《渔家傲·反第二次大“围剿”》一词中写道：

白云山头云欲立，白云山下呼声急，枯木朽株齐努力。枪林逼，飞将军自重霄入。

1931年5月16至30日，红一方面军在毛泽东、朱德的正确指挥下，十五天里打了五个大胜仗：继东固全歼敌二十八师、四十七师大部，又向富田、水南、白沙、中村、广昌、建宁乘胜追击，向东横扫七百里，共消灭和击溃敌八个师，歼敌三万余人，缴枪两万余支、无线电台七部，痛快淋漓地粉碎了蒋介石精心策划的第二次反革命大“围剿”。蒋介石得知，在“国民大会”上声泪俱下，起誓将亲自披挂上阵，雪此大耻，并发表《出征前告全国将士书》。

毛泽东则镇定自若，边继续填着他的那首《渔家傲·反第二次大“围剿”》诗词，边命部队先向赣东、闽西北分散筹粮筹款，发动群众，以造成敌人进攻方向错觉，而后甩敌南下，诱敌于根据地底部，再中间突破，北上敌后，集中兵力打其可打者，并密派黄公略部先去兴国准备战场。

大义灭亲

☆☆☆☆☆

（33岁）

红军的节节胜利使蒋介石气急败坏，坐卧不宁。为了破坏红军内部团结，瓦解红军将领斗志，使出了策反黄公略的毒计。

蒋介石先派人将黄公略的母亲和妻子押到长沙，然后在报纸上大造所谓“黄公略既将母与妻子送来长沙，足见悔过情殷，投诚心切”的舆论，借以混淆视听，进行要挟。同时，他又委任黄公略的堂叔黄汉湘为宣抚使进驻南昌，并派黄公略的长兄黄梅庄为参议，进入苏区劝诱黄公略“归正”。蒋介石自以为这样双管齐下，必有所成。黄公略率红八、九师到达兴国后，在赣南特委书记陈毅和独立六师的配合下，巧夺兴国七圩寨，清除了“七圩农民自卫军”中的反动分子，并与因躲避打“AB 团”上山的钟铁匠结盟，扫清了兴国战场最后一大障碍。

黄梅庄一进苏区即被扣留。彭德怀知道黄梅庄与黄公略是同父异母的兄弟，人品卑劣，小时候经常虐待黄公略和他母亲，不给他钱上学，平江起义后还将黄公略的母亲赶出家门。于是彭德怀与滕代远、邓萍等人商量，认为这个时候黄梅庄前来探视兄弟，一定另有蹊跷，于是设下计谋，将其灌醉，套出真话。原来这次来苏区他已携带了蒋介石、黄汉湘写给黄公略的信。

蒋介石的信大意是：校长不才，使你走上歧途。黄汉湘的信则劝黄公略立即投诚归正。拿到物证后，彭德怀见黄梅庄摇摇欲倒，难以支持，便说：“梅庄兄睡吧，我也去睡了。”安排手下人将其软禁起来。

这时，黄公略已率红八、九师到达兴国，在赣南特委书记陈毅和独立六师的配合下，巧夺兴国七圩寨，清除了“七圩农民自卫军”中的反动分子，并与因躲避打“AB 团”上山的钟铁匠结盟，扫清了兴国战场最后一大障碍。彭德怀将这些情况写信给黄公略，征求他对兄长的处理意见。黄公略不顾老母和妻子尚在敌军手中，在复信中写了八个大字——“一刀两断，义无反顾。”

按照黄公略的意见，彭德怀将黄梅庄处死，使蒋介石再也不对招降红军将领抱有幻想了。此事在苏区广为传颂，更激发了军民反“围剿”的决心和信心。

最后一仗

☆☆☆☆☆

（33 岁）

1931 年 5 月，国民党军对中央苏区第二次“围剿”失败后，蒋介石气急败坏地调集三十万人马，亲任“剿共”总司令，于 6 月 22 日下午窜抵南昌，坐镇指挥第三次“围剿”。

1931 年 7 月 1 日，蒋介石下达进攻命令，国民党各路人马向兴国周围挺进，将三万多红军紧紧包围，红军处于东、南、北三面受敌和西临赣江的危急困境，被

△ 中央苏区第三次反“围剿”遗址

迫绕道闽西的连城到瑞金，再经于都、宁都到兴国，在千里迂回中，采取“避实就虚”的策略，在敌阵空隙之中寻找敌人的薄弱环节消灭敌人。

8月5日晚，细雨迷蒙，红军主力趁敌人频繁调动之空隙，从崇贤、兴国县城两地敌军之间迂回穿行，向良村、莲塘转移。在翻越一座大山时，路太窄队伍走不快，黄公略亲自打着用黑布罩裹着的小马灯，找到第二条下山的路，并走在前面带路，红三军分成两路下山，速度比以前快了一倍。

8月6日傍晚时分，红军到达莲塘，随即在黄氏宗祠召开紧急会议。决定首先消灭谭子钧旅，然后乘胜向良村突击追歼，扩大战果。这次战斗由红三军团担任主攻，红十二军任左翼，红三军任右翼，形成东、西、南三面包围的布袋阵地。战前黄公略和政委蔡会文、参谋长陈奇涵一起登上莲蓬山，观

△ 黄氏宗祠

察从大坳进犯十万州之敌。十万州山谷长约十华里，宽窄不等，中间一条小石河，两边群山连绵，草深林密，便于伏兵，也便于出击。黄公略命令部队占领右方柳树排山头，封锁山谷所有通道。

蒋介石第二次大“围剿”失败后不出两月，又调三十万大兵开始的对中央苏区的第三次大“围剿”，是由陈诚、卫立煌、罗卓英、蒋鼎文、熊式辉等率领，在蒋介石亲自指挥下，兵分几路，采取长驱直入、齐头并进的战略战术进行的，其部队占领了苏区的各个县城和主要交通要道。红军则在毛泽东的领导下，继续采取“诱敌深入”的战略战术，千里回师，从闽西返回兴国迎战。

1931 年 8 月 7 日拂晓，天色微明，红军向十万州发起进攻。敌军从梦中惊醒，仓皇抵抗，企图向两翼逃跑。黄公略沉着指挥，红三军战士强大的火力网形成一个夹钳，把敌人狠狠夹住。黄公略也挥着驳壳枪猛烈地向着山谷下的敌人射击。肉搏战开始了，黄公略大喊：“同志们，冲啊！”战士们从临时挖掘的掩蔽体中一跃而起，发出冲天的喊声冲向敌人。晨雾中人影幢幢，喊杀连天，“缴枪不杀！”“活捉蒋介石！杀死何应钦！”的口号声响彻山谷，山头上到处是飘动的红旗，敌人成了瓮中之鳖。谭子钧设在一座小庙里的指挥所被红军攻破，混战中谭子钧被击毙。

首战告捷，红军乘胜直逼良村，包围了敌郝梦龄五十四师。黄公略率红三师与红四军一起担任正面进攻，红三军团和红十二军侧翼包抄，向良村守敌发起攻击。上官云相不禁心惊肉跳，慌忙向龙冈逃窜。敌五十四师师长郝梦龄意识到将被包围，急忙将指挥权交给旅长李大同，自己匆匆率师部，步上了上官云相逃跑的后尘。午后，红军发起总攻，黄公略率红三军和红四军一起突破敌人外围防线，攻入良村。在短短两三个钟头就把敌人彻底打垮，歼灭上官云相师两个团和一个特务营，击毙敌副师长一人，俘虏副旅长一人、团长两人及其余官兵3500人，打死、打伤敌人1000人以上，取得了重大胜利。

莲塘、良村战斗胜利之后，黄公略又按照部署率红三军佯攻龙冈，红军主力挥师东进，集中兵力歼灭了驻黄陂之敌毛炳文第八师。红军五天之内三战三捷，毛泽东又派罗炳辉率十二军，佯作北上吸引敌人，掩护红军主力西出突围。

直到8月底，蒋介石才如梦方醒，知道

又中了毛泽东的调虎离山计，只好再令部队西移，此时几十万大军历经跋山涉水，已是疲惫不堪，致使官兵怨声载道，蒋介石也感力不从心，仰天长叹，无可奈何地怏怏而退。

而闯入苏区的敌军各寻逃路，红军则乘胜追击。

9月6日，黄公略率红三军进抵老营盘，因大水冲垮桥梁，被堵在老营盘、黄土坳、墩丘一带宿营。黄公略在来不及与总队联系的情况下，按计划将部队隐蔽在老营盘，待敌军路过时，出其不意从侧后予以猛烈袭击。

9月7日凌晨，红三军进入老营盘预伏阵地。当黄公略从战马上下来，登上山巅举起望远镜望时，只见两侧群山连绵，环立如障。高明山巍然耸立，居高临下，是控制整个战区的要地。高明山左接牛轭岭，右连野猪岭，一条山路由南向北，曲曲弯弯，穿山而过，通往泰和。黄公略对身边的参谋长陈奇涵说，只要堵住黄土坳，敌人插翅难逃。陈奇涵也幽默地说："我们要让蒋介石在这里留下买路钱。"

黄公略决定将部队隐蔽在这里，待敌路过时，出其不意从侧后予以猛烈袭击。他迅速召集师级以上干部进行战斗部署，发出了出击命令。在雾幕的掩护下，军部率第九师和萧克所率独立五师占领高明山，正面出击。陈伯钧率领第七师悄悄埋伏在牛轭岭，打左翼。王如痴率领第八师插向野猪岭，打右翼，堵击高明山方向的援军。

凌晨5时许，黄公略下达进攻命令，红三军中途冲下山时，老营盘之敌以为是游击队骚扰，不以为然，正集中队伍出发时，红军主力突然冲进村庄，向敌人展开猛烈攻击。

红军从北、西、南三面发起猛烈攻击，枪弹、手榴弹，暴雨般地向敌人倾泻。

蒋鼎文的独立五旅，是蒋介石的嫡系精锐部队，一个个都像笼中困兽，拼命突围，顽固抵抗。

△ 老营盘

红军首先在气势上压倒对方，利用大雾弥漫之际，红九师的一位连长高声喊："同志们，冲啊！"首先带领战士们冲向敌军。一群敌人猛扑过来，红军战士瞪着血红的两眼，用刺刀拼，用枪托击，用石头砸，用手抓，用牙咬……

黄公略密切注视着战情，用最简单的语言下达命令："把敌人分段吃掉。"

被困在老营盘的敌人，在几面火力夹击下即刻被分割成数段。独立旅被全部歼灭，红三军打出了我军的威风，给了敌人一个重创，给了红军一个激励。经过老营盘、高明山战斗的打击，蒋军再也不敢经这条路北撤，蒋鼎文第九师（三个旅九个团）和韩德勤的五十二师（六个团）改道崇贤、东固向吉安逃跑。红一方面军在毛泽东、朱德指挥下早就在方山岭布好口袋以逸待劳。

此役，歼灭敌一个旅四千余人。

随后，配合兄弟部队，一举取得莲塘、良村战斗的胜利。毛泽东兴奋地说："我们终于在莲塘打了第一个好仗。"

9月14日晚，红一方面军兵分三路，左翼堵住敌人退路，从山谷右侧的安子山进攻，红三军则越过方山岭，监视张家背的蒋鼎文残部。

15日清晨，红军主力将敌悉数包围在方山岭一带。黄公略和彭德怀、罗荣桓、李明瑞等首长一起运筹帷幄，直接指挥部队。当红军战士如猛虎般从山上冲下来时，敌人猝不及防，被红军分割成数段，失去了反攻能力，满山谷都是一片抓俘虏之声。蒋鼎文第九师一部和韩德勤第五十二师全部，一举全歼，师长韩德勤连忙换上伙夫

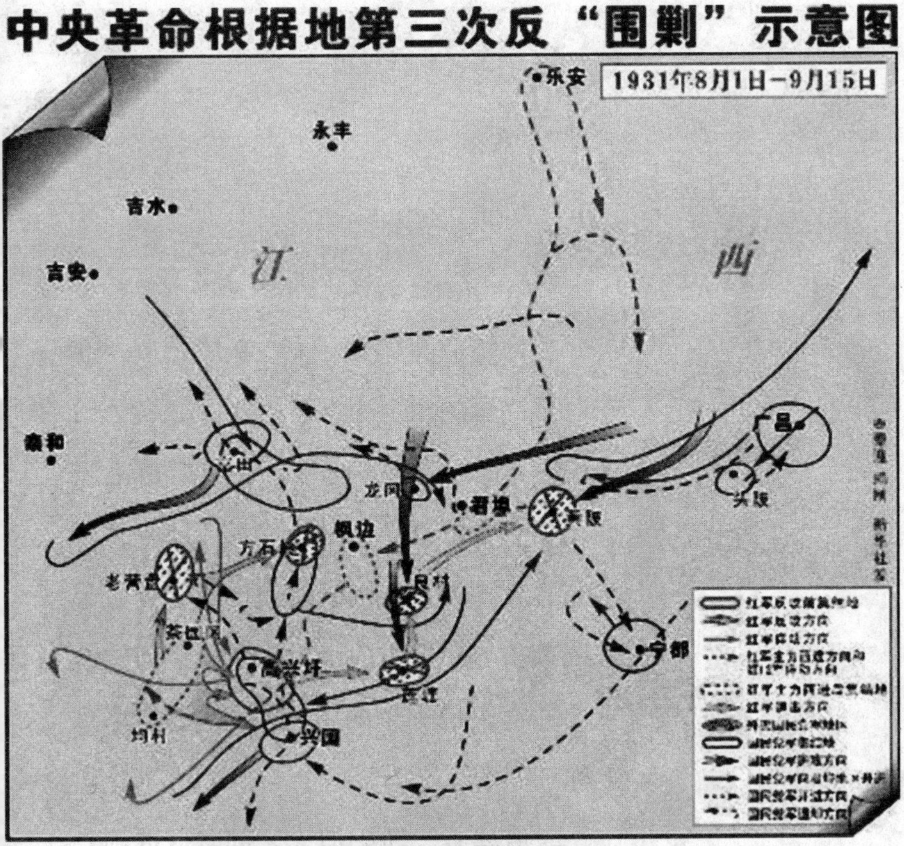

△ 中央革命根据地第三次反“围剿”示意图

衣裳，夹在败兵中匆匆而逃，侥幸漏网。至此，红军第三次反“围剿”取得决定性胜利。

壮烈殉国

☆☆☆☆☆

（33 岁）

方山岭战斗硝烟未尽，9 月 15 日，在东固至兴国的山道上，红三军军长黄公略奉红一方面军总部的命令，在追歼逃敌凯旋之后，率领部队向瑞金转移。下午 3 时半左右，部队到达东固六渡坳；该坳位于东固南方 60 华里，为当时吉安至兴国的重要通道，是一个两山之间的坳口，军事上称“鞍部”。

时值盛夏，骄阳似火。部队行进到六渡坳时，奉命在此小憩。

道旁有个小山村，村内只有三户人家，其中两户已异迁他乡。三户中有两户的房子都是建有南方特色的吊楼。

黄公略及师部首长到达六渡坳后，在一幢房子的吊楼上喝茶，一边畅谈刚刚结束的方山岭之战，这时有人发现敌机来侦察、轰炸，霎时，马惊嘶叫，人群四散奔跑。黄公略得知七师还在罗坑那边行进，便从楼内冲出。警卫员拦住黄公略说："军长，危险！你不能出去。""一个师的安全更要紧！"黄公略奋不顾身冲向坳上，命令七师就地隐蔽，他举起望远镜，观察敌机方位，指挥机枪手对空射击。敌机发了疯似的冲向六渡坳，呼啸着从大荷树的梢头掠过。

"打，狠狠地打！"黄公略命令机枪手。当飞机又俯冲下来时，他抢过身边士兵的步枪，对着敌机连开数枪。不幸，从敌机射出三颗罪恶的子弹，从黄公略右腋下穿过，切断动脉，血如喷泉，浸透了黄公略那身洗得发白的灰布军衣。战士们用烟丝加银圆立即包扎伤口，简单处理后，用担架把他抬到山坡下路边的一个石砌的茶亭里。黄公略痛苦地躺在担架上，脸色惨白，军部医护人员随即赶到，发现是动脉切断。当时医药缺乏，麻醉剂也没有，在动手术时，黄公略忍着极大的痛苦，咬紧牙关，豆大的汗珠直往下淌，他哼也不哼一声。三军政委蔡会文、参谋长陈奇涵等红军指挥员都默默围拢过来，满怀悲伤和愤恨。

听说黄公略负了重伤，正在向兴国莲塘方向前进的毛泽东、朱德，立即飞鞭策马，从方

△ 红军后方医院旧址

山岭那边赶来。一看黄公略伤势严重，呼吸急促，生命垂危。他们都俯下身子安慰他，并久久地站立在他的身旁，叮嘱军医要想尽一切办法，不惜一切代价抢救他。

黄公略被抬上担架，送往当时驻扎在兴国方山岭农家的红军后方医院。不久，终因无法输血(缺条件)造成失血过多而牺牲。临牺牲之前，他喊出了发自肺腑的话语:“同志们，一、二、三次反‘围剿’我们胜利了，但要继续奋斗，争取全国革命的最后胜利!”当日下午，被中央苏区人民尊称为“朱、毛、彭、黄”四大巨头之一、年仅33岁的黄公略那颗革命的火热的心脏停止了跳动。

青山为之垂泪，溪流为之呜咽。黄公略再也听不到他的战友毛泽东、朱德、彭德怀及全军将士的呼唤:“公略!汉魂!你不能走啊……”毛泽东、朱德、彭德怀等泪水横流，原本沉浸在胜利与欢乐之中的全军将士也是一片悲哀……

9月16日，兴国鼎龙水头庄草坪上万人肃穆默立，一片沉寂。这一天，莲蓬山无声地托出一片花环，柳树排上的松柏默默地垂下每根枝条，官田河沉凝悲咽，被选做中央红军兵工厂的陈家祠、万寿宫静静肃立，几万红军官兵和老百姓黑纱缠臂，胸戴白花，会场上高挂着毛泽东亲自撰写的挽联:

广州暴动不死，平江暴动不死，而今牺牲，堪恨大祸从天落；

革命战争有功，游击战争有功，毕生何勇，好教后世继君来。

黄公略的牺牲，是中国革命的重大损失。1931 年 11 月，为纪念黄公略，苏维埃中央革命军事委员会以黄公略牺牲的东固为中心，特设了“公略县”，并将一所红军步兵学校命名为“公略步兵学校”。

1933 年，中华苏维埃临时中央政府决定

△ 公略亭

在叶坪广场建造公略亭。公略亭由第二次全国苏维埃代表大会准备委员会监造，并由钱壮飞设计，梁柏台负责工程指导。1933 年 8 月 1 日动工，1934 年 1 月竣工落成。亭为三个角，寓意为黄公略是在第三次反“围剿”中牺牲的。亭中立了一块三棱锥体的石碑，上刻有黄公略传略，供后人瞻仰。1934 年 10 月，红军主力长征后，该亭被国民党反动派拆毁，黄公略墓地也被破坏，忠骨至今下落不明。

1955 年，公略亭又被按原貌修复，共和国元帅彭德怀亲自题写了“公略亭”三个字，以示纪念，这三个字依然在纪念馆中保存。1961 年 3 月 4 日，公略亭被国务院公布为全国重点文物保护单位。

后 记

人民永远纪念他

黄公略是我国红军时期的优秀将领，他短暂的一生，充满了炽烈的斗争，他 18 岁充军，在反对帝国主义和国民党反动政府统治的前线迅速成长，22 岁在武昌首立战功，28 岁成为红军优秀将领。在严峻的革命斗争时期，由于混进内部的敌人的破坏，而处于困难重重的形势下，他毅然决然地担负起支撑危局的艰巨任务，东征西讨，勇猛杀敌，建立了丰功伟绩。他对中国革命事业赤胆忠心，万苦不辞，奋斗到底，受到人民的爱戴和尊敬。毛泽东在《蝶恋花·从汀州向长沙》一词中称赞道："六月天兵征腐恶，万丈长缨要把鲲鹏缚。赣水那边红一角，偏师借重黄公略。"即是对他最好的评价。

黄公略不愧为中国革命英雄的优秀代表。

对一个革命者来说，最根本的要求是，立场坚定，斗争坚决。黄公略就是这样。他爱憎分明，对革命事业无比忠诚，对阶级敌人无比仇恨，他率领红军歼灭大量敌军，沉重地打击了国民党政府的反动统治。

疾风知劲草，岁寒见松柏。黄公略在战场上是冲锋陷阵的英雄，在他负伤后，毅然保持着一个革命者英雄的本色，即便在生命垂危之时，他依然想到革命的事业，不忘对战友嘱托："同志们，一、二、三次反'围剿'我们胜利了，但要继续奋斗，争取全国革命的最后胜利。"真是英雄临危何所惧，豪气如虹志凌云。他那崇高的革命气节，无愧于一个顶天立地的英雄。他的一生，是光辉战斗的一生、革命的一生，他把毕生的精力都献给了中国人民反帝反封建的革命事业，鞠躬尽瘁，死而后已。

黄公略的牺牲，是中国革命的重大损失，毛泽东知道后无比悲痛，1931 年 9 月 27 日下午，红一方面军在兴国水庄头召开了第三次反"围剿"胜利祝捷大会和黄公略军长追悼大会，会上毛泽东怀着无比悲痛的心情，高度赞扬了黄公略的一生。

1931 年 11 月，为纪念黄公略，苏维埃中央政府、中央革命军事委员会以黄公略牺牲的东固为中心，特设了"公略县"，并将一所红军步兵学校命名为"公略步兵学校"。

1933 年临时中央政府决定在叶坪广场建造公略亭。公略亭由第二次全国苏维埃代表大会准备委员会监造，并由钱壮飞设计，梁柏台负责工程指导。1933 年 8 月 1 日动工，1934 年 1 月竣工落成。亭为三个角，寓意为黄公略是在第三次反"围剿"中牺牲的。亭中立了一块三棱锥体的石碑，上刻有黄公略传略，供后人瞻仰。

1934年10月，红军主力长征后，该亭被国民党反动派拆毁，1955年又被按原貌修复，共和国元帅彭德怀亲自题写了“公略亭”三字，以示纪念，这三个字依然在纪念馆中保存。

1961年3月4日，公略亭被国务院公布为全国重点文物保护单位。

黄公略不朽的功勋将永载中国人民反帝反封建的革命史册上，他伟大的英雄形象，将永远铭记在人民的心里，他的坚强革命精神，将继续激励着共和国人民前进。